**Fabrizio Savi**

# Cours de sculpture visuelle

**198 IMAGES ANNOTÉES POUR APPRENDRE À MODELER DES PORTRAITS VUS DE PROFIL EN UTILISANT LA TECHNIQUE DU RELIEF GRAVÉ**

# RÉSUMÉ

# INTRODUCTION

Souhaitant continuer à partager avec vous mes expériences sculpturales, je vous propose trois manuels qui traitent de la technique de la taille-douce ou du relief gravé, en examinant plus particulièrement le portrait.

J'ai choisi le sujet du portrait car, par sa complexité, il représente une étape importante dans la carrière d'un artiste qui se consacre aux arts figuratifs. De plus, lorsque dans sa carrière de sculpteur on parvient à bien exécuter un portrait, je peux vous assurer que l'on est également capable d'exécuter n'importe quel autre sujet.

Dans le premier manuel, nous traiterons du portrait de profil, dans le deuxième de la vue de trois quarts et dans le troisième de la position frontale.

En termes de difficulté, le portrait de face représente le plus grand défi, suivi par ordre décroissant par les portraits de trois-quarts et de profil. En termes de vraisemblance, cependant, le portrait de trois-quarts est le plus efficace par rapport au portrait de profil et au portrait de face. On peut donc dire que pour des raisons de rapport facilité/ressemblance, le portrait de profil a toujours eu plus de succès que les autres et a donc été le plus utilisé, comme en témoignent les nombreux exemples dans l'histoire de l'art.

Regrouper le traitement des trois types de portraits dans un seul volume aurait nécessité l'utilisation de plusieurs centaines d'images, ce qui aurait rendu le manuel difficilement consultable et en même temps excessivement coûteux. C'est pourquoi j'ai jugé opportun de diviser l'ensemble du traitement en trois volumes distincts. Ceux-ci auront des chapitres en commun et une partie distinctive - c'est-à-dire la partie relative à la mise en œuvre pratique - qui sera différente à chaque fois.

La définition des artefacts en sculpture comporte toujours une certaine imprécision lorsqu'elle est divisée en trois catégories seulement : les bas-reliefs, les hauts-reliefs et le tutto tondo. En réalité, il existe d'autres catégories que nous définirons bien dans le chapitre suivant.

La photo ci-dessus montre le dernier artefact décrit dans le premier manuel, à savoir le portrait gravé vu de côté.

Cette photo montre le portrait selon le manuel, c'est-à-dire le portrait vu de trois quarts.

Dans cette dernière image, nous voyons le travail couvert par le troisième manuel, qui est le portrait vu de face.

# CLASSIFICATION DES ARTEFACTS PAR FORME

Étant donné que lorsque j'entends parler de sculpture, j'entends souvent des définitions incorrectes ou imprécises, je pense qu'il convient d'abord de donner des définitions plus précises afin de donner à nos œuvres la bonne classification.

Les sculptures peuvent être divisées en deux grandes catégories : les reliefs et le tutto tondo.

Les reliefs. Il s'agit d'œuvres qui s'inscrivent dans un plan d'épaisseur variable et qui ont elles-mêmes une épaisseur et/ou une profondeur variable. Ils peuvent être considérés comme une transition entre la peinture et la sculpture. Cette solution expressive est généralement utilisée pour représenter des scènes complexes qu'il serait difficile de réaliser en ronde-bosse, telles que des scènes contenant de nombreux sujets, des paysages, des éléments architecturaux, etc.

Les reliefs peuvent à leur tour être divisés en deux catégories : les intailles et les reliefs proprement dits.

 Taille-douce Ce terme peut être utilisé lorsque l'œuvre est gravée dans l'épaisseur du plan, que la figure gravée ne dépasse pas le niveau du plan en hauteur et que ses contours sont gravés avec une profondeur variable dans le plan. L'art égyptien a utilisé cette technique dans le passé.

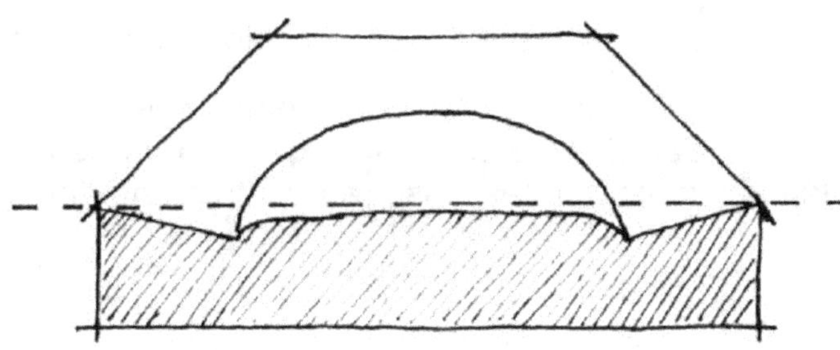

eprésentation d'une sphère réalisée selon
la technique de la sculpture et vue en coupe

## Des enquêtes correctement menées

Ils peuvent être définis en fonction de l'épaisseur de la figure créée au-dessus du plan.

**Relief écrasé.** La figure créée sur le plan a une légère épaisseur et les contours peuvent être finement gravés sur le plan.

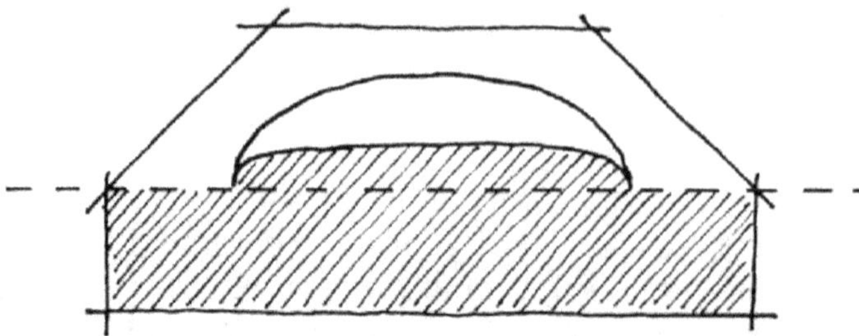

Représentation d'une sphère réalisée par la technique de l'aplatissement sur un plan vu en coupe

**Faible relief.** L'épaisseur de la figure créée sur le plan ne doit pas dépasser la moitié de ce que serait son volume si elle était créée en ronde-bosse.

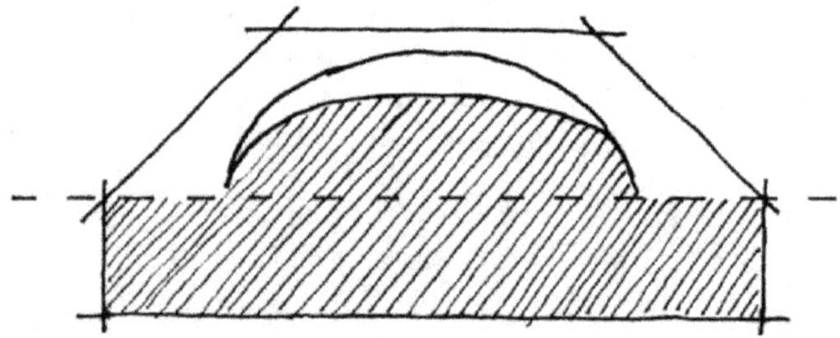

Représentation d'une sphère en bas-relief sur un plan vu en coupe.

**Demi-relief.** Lo spessore della figura creata sul piano deve avere uno spessore che, uscendo dal piano stesso, sia uguale o leggermente superiore alla metà del suo volume se fosse realizzato a tutto tondo.

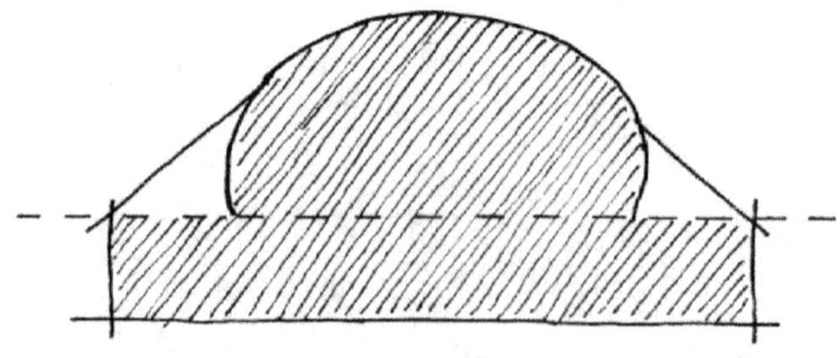

Représentation d'une sphère réalisée selon la technique du demi-relief sur un plan vu en coupe

**Haut-relief**. La figure créée sur le plan doit avoir une épaisseur telle qu'en sortant du plan, elle soit égale ou légèrement inférieure à son volume si elle était rendue en ronde-bosse. Dans la pratique, les figures sont complètes, même si elles restent attachées au plan.

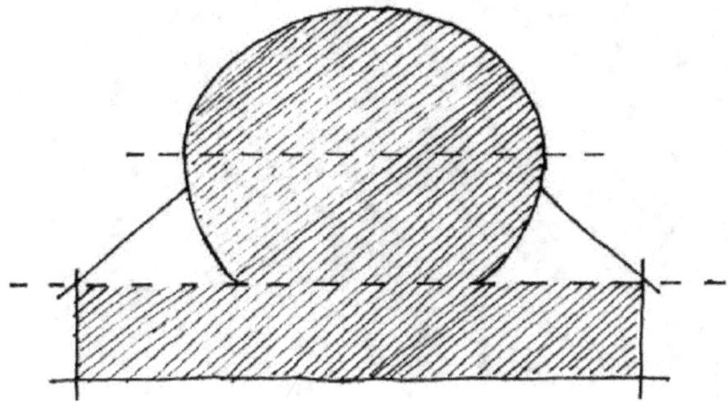

Représentation d'une sphère réalisée en haut relief sur un plan vu en coupe

**Tout en rondeur.** Il s'agit de sculptures autonomes conçues pour être vues de tous les côtés. Elles ne sont donc pas intégrées à un plan ou à un arrière-plan.

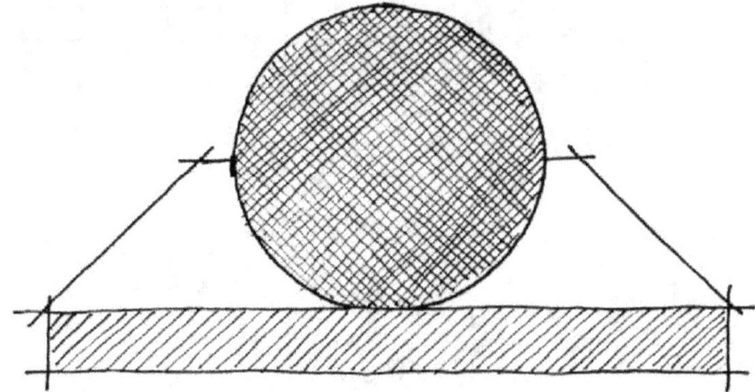

Sphère ronde placée sur un plan et vue en coupe

# ÉQUIPEMENTS ET MATÉRIELS

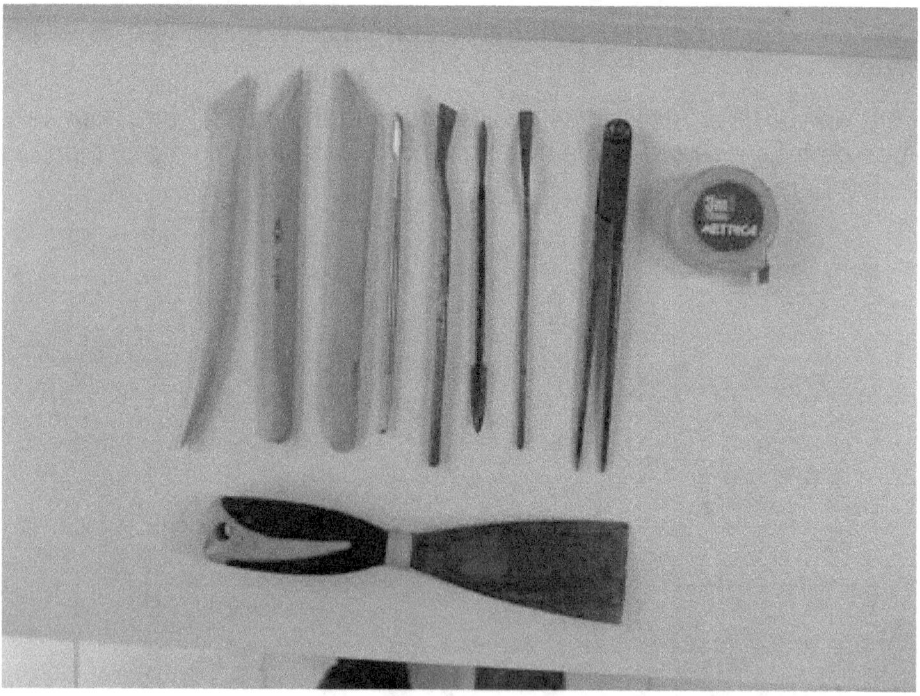

Comme vous pouvez le voir sur les photos, nous avons besoin de spatules, de compas, d'un mètre et d'une planche en bois. J'utilise un panneau d'aggloméré avec une surface plastifiée afin que l'humidité de l'argile n'imprègne pas le bois et ne le déforme pas. Vous aurez également besoin d'une feuille de papier et d'une baguette de bois pour faire le dessus de l'argile. Le choix du type de spatule est tout à fait personnel, en fonction de votre expérience. Chacun d'entre vous a déjà sa propre collection ; je vous conseille d'avoir des spatules en bois pour dégrossir les figures et des spatules en métal pour finir les détails. Ce qui est absolument important dans la réalisation de portraits, c'est d'avoir des compas de différentes tailles, qui serviront à transférer les mesures anatomiques de la photo du visage à la figure d'argile.

## L'ÉCLAIRAGE DE L'ENVIRONNEMENT DE TRAVAIL

Dans ces trois manuels, nous travaillerons sur la réalisation de portraits en utilisant la technique de la sculpture où les figures n'ont que quelques millimètres d'épaisseur. Lors de la réalisation de ce type de reliefs, l'éclairage est très important. Je ne parle pas seulement de l'éclairage du sujet à représenter, qui sera traité dans un chapitre ultérieur, mais aussi de celui de l'environnement de travail. Étant donné que le portrait que nous allons réaliser n'aura - comme nous l'avons déjà dit - que quelques millimètres d'épaisseur, il est très important, pour visualiser les moindres différences, d'installer à proximité de la table de travail une source lumineuse placée un peu plus haut que la surface de travail.

La source lumineuse ainsi placée produit des ombres sur votre relief en creux qui font ressortir en détail ses formes et ses épaisseurs.

## CHOIX DE L'ARGILE

Pour réaliser toute sculpture en argile, et donc aussi notre portrait que nous allons ensuite cuire dans un four à 970 degrés, il est absolument nécessaire d'utiliser une bonne argile réfractaire.

L'argile réfractaire est un mélange composé d'argile et de grains de céramique broyés, appelé CHAMOTTE. Ce mélange empêche un retrait excessif du matériau pendant la phase de séchage et une expansion excessive pendant la phase de cuisson. En définitive, il empêche la fissuration pendant ces deux phases.

Il existe sur le marché des mélanges réfractaires de différentes couleurs et de différents pourcentages de chamotte. Vous pouvez choisir la couleur de votre choix, mais il est essentiel que le mélange contienne un bon pourcentage de chamotte, environ 40 %, et qu'il ait une granulométrie suffisamment importante, non inférieure à un millimètre ou, mieux encore, à 1,5 mm (plus la quantité et la taille des grains de chamotte contenus dans l'argile sont importantes, plus la probabilité d'éviter les fissures lors de la cuisson est grande).

## LE FOTO DEI VISI

Lors de la réalisation de portraits, il est souvent compliqué, voire impossible, d'avoir le sujet à représenter à disposition pendant toute la durée du travail. Il est donc utile d'utiliser des photos comme référence. Dans ce cours, nous allons donc apprendre à utiliser quelques photos prises du sujet à portraiturer.

Tout d'abord, il est important d'obtenir des photos aussi réalistes que possible, sans distorsions dues à l'utilisation d'outils numériques inadaptés tels que les téléphones portables, les tablettes et les appareils photo en mauvais état, ou à un mauvais cadrage.

Recommandations pour obtenir des photos correctes

1 Vous devez prendre 3 photos pour chacun de vos sujets : une pour chaque angle : de face, de droite ou de gauche et une avec une vue de trois quarts. Veillez à ce que le sujet ait toujours la même expression faciale dans toutes les positions.

2 Les photos doivent toutes être prises à la même hauteur (à peu près la hauteur de la bouche) et à la même distance du visage, environ un mètre et demi ou deux mètres.

3 Utilisez des appareils photo dotés d'un objectif permettant de prendre des photos à ces distances tout en remplissant le cadre. (OBJECTIF ZOOM)

4 L'éclairage du visage doit être tel que les formes anatomiques soient le plus possible mises en valeur. Pour cela, je recommande de placer le modèle près d'une fenêtre de telle sorte que le visage soit éclairé d'un côté par la lumière du jour, mais pas directement par le soleil, et de l'autre côté par une lumière ambiante plus douce. (Faites quelques essais jusqu'à ce que vous obteniez le meilleur éclairage).

5 Si vous souhaitez réaliser un portrait-sculpture grandeur nature, il est conseillé d'imprimer les photos sur du papier de format A3. Je vous recommande d'utiliser un programme graphique qui vous permet de dimensionner les trois photos comme vous le verrez dans les exemples ci-dessous.

À mon avis, il suffit d'imprimer les photos en noir et blanc : la couleur de la sculpture n'est pas déterminée.

Attention, vous aurez besoin de deux tirages pour chaque photo : deux tirages pour le sujet de profil, deux tirages pour le visage vu de trois quarts et deux tirages pour le modèle représenté de face.

Vous trouverez ci-dessous des photos du sujet dont nous nous inspirerons.

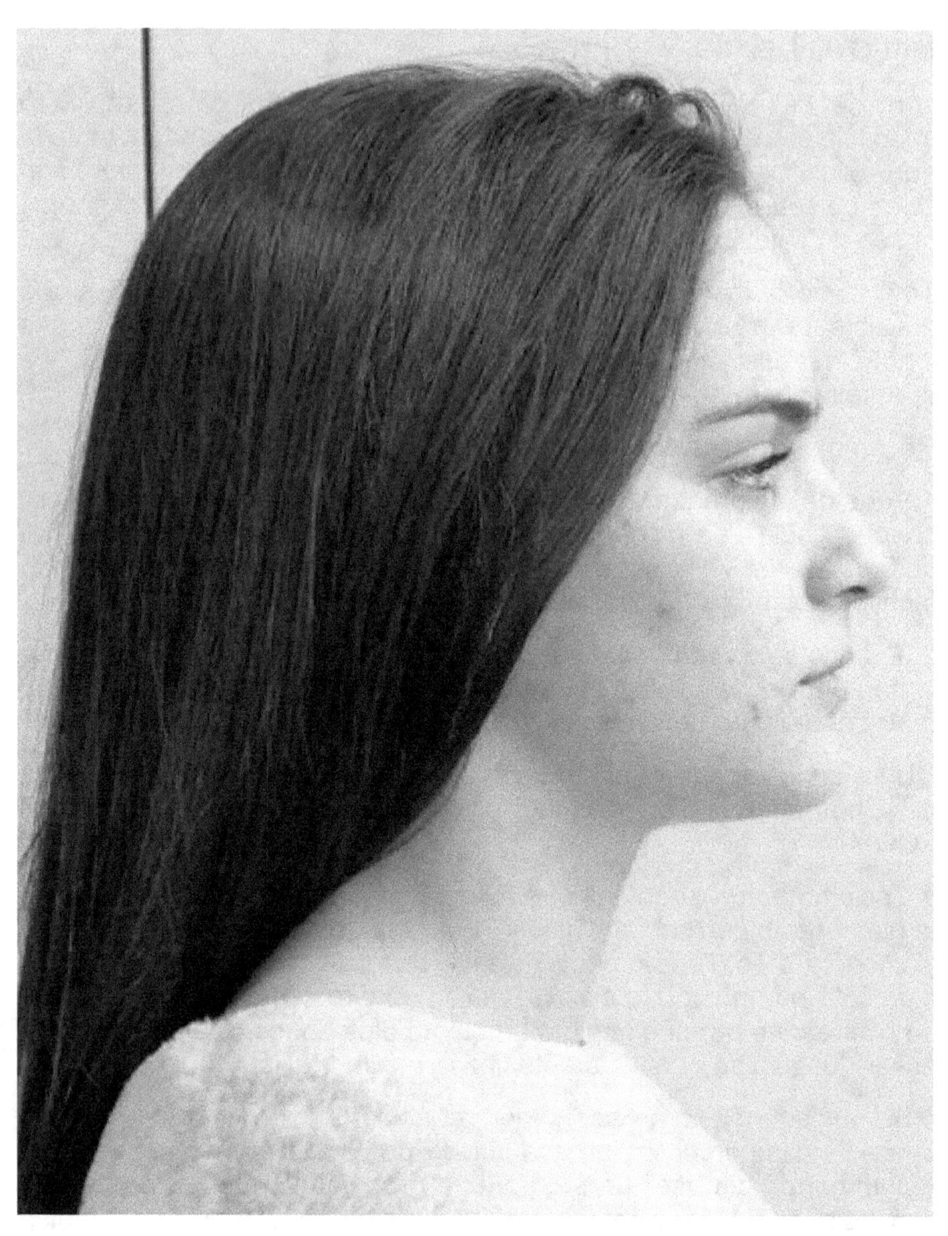

Sujet vu de côté

Remarquez que sur la photo, la lumière provenant de la droite est plus intense et la lumière ambiante plus faible, de sorte que les formes du visage sont plus évidentes.

Sujet vu dans les trois quarts.

Sujet vu de face.

# PRÉPARATION DU SOL EN TERRE CUITE

La première chose à faire est de mesurer à l'aide d'un mètre ruban la hauteur et la largeur de la photo du sujet, comme le montrent les photos ci-dessous.

Je recommande de faire en sorte que le sommet en argile soit plus grand que le visage sur la photo, afin que le visage représenté ait un peu d'espace autour de lui. Je suggère d'augmenter la taille du haut d'au moins 5 cm de chaque côté.

Par exemple, si la photo mesure 25 x 30 cm, il serait souhaitable que le haut mesure au moins 35 x 40 cm avec une épaisseur de 3 cm.

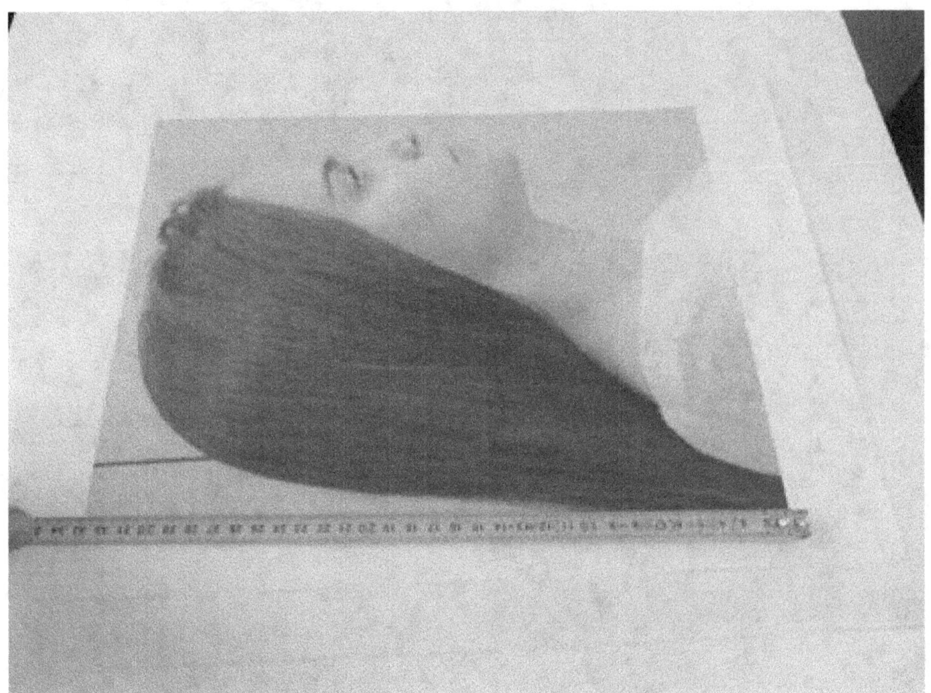

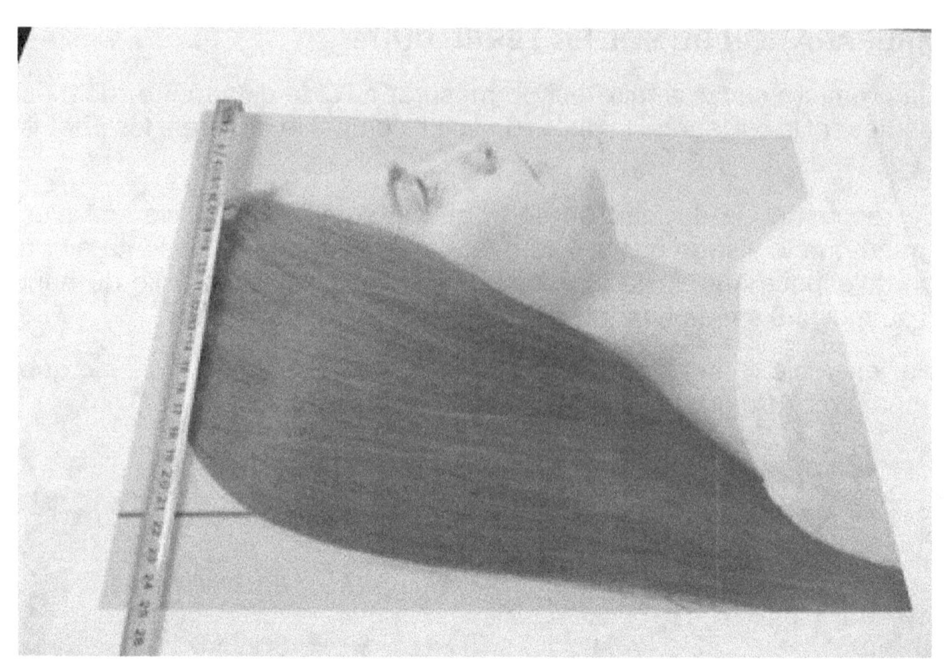

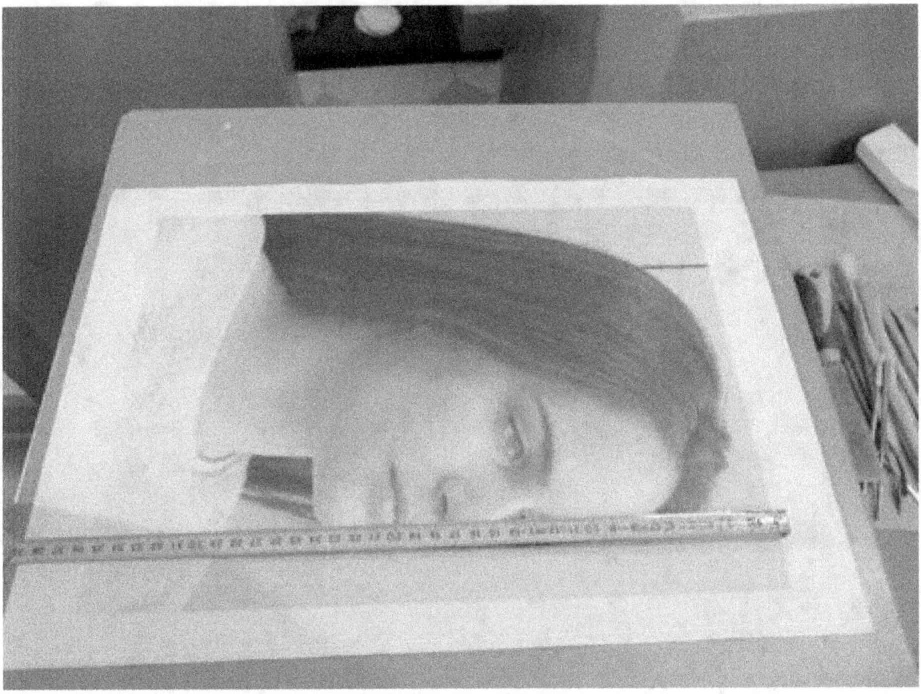

Nous plaçons une feuille de papier sur la planche de bois plastifiée et nous traçons au crayon un rectangle de la taille de la planche d'argile.

La feuille de papier aura également la fonction très importante d'empêcher l'argile de coller à la planche, car comme vous le savez probablement déjà, l'argile rétrécit en séchant. Si elle adhérait directement à la planche, elle ne pourrait pas se rétracter et se fendrait, ce qui gâcherait irrémédiablement votre création.

Je recommande de prolonger les marques latérales au-delà des sommets du rectangle, comme le montre la photo ci-dessus. La raison en sera expliquée plus loin.

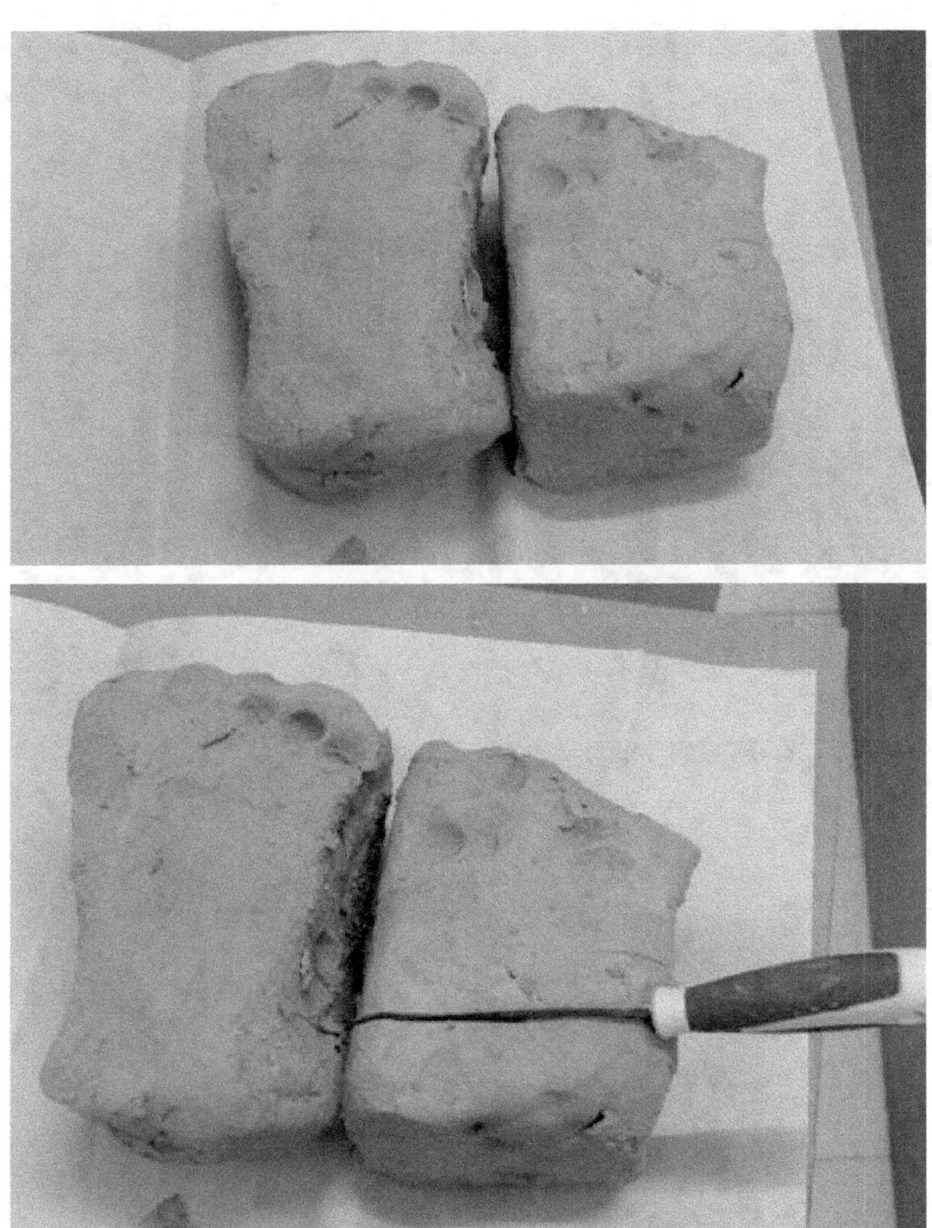

Placer les pains d'argile sur un support, couper des tranches d'environ 4-5 cm d'épaisseur à l'aide d'une spatule et les placer à l'intérieur du rectangle dessiné sur la feuille de papier.

Dès que vous avez rempli l'espace d'argile, commencez à presser avec vos doigts pour amalgamer les différents morceaux. Appuyez bien jusqu'au bout pour que tous les morceaux s'emboîtent et forment un seul corps. N'oubliez pas : cette opération est très importante. Évitez que des espaces et des vides ne se forment entre les morceaux d'argile, sinon des fissures pourraient se former lors de la cuisson et gâcher tout le travail.

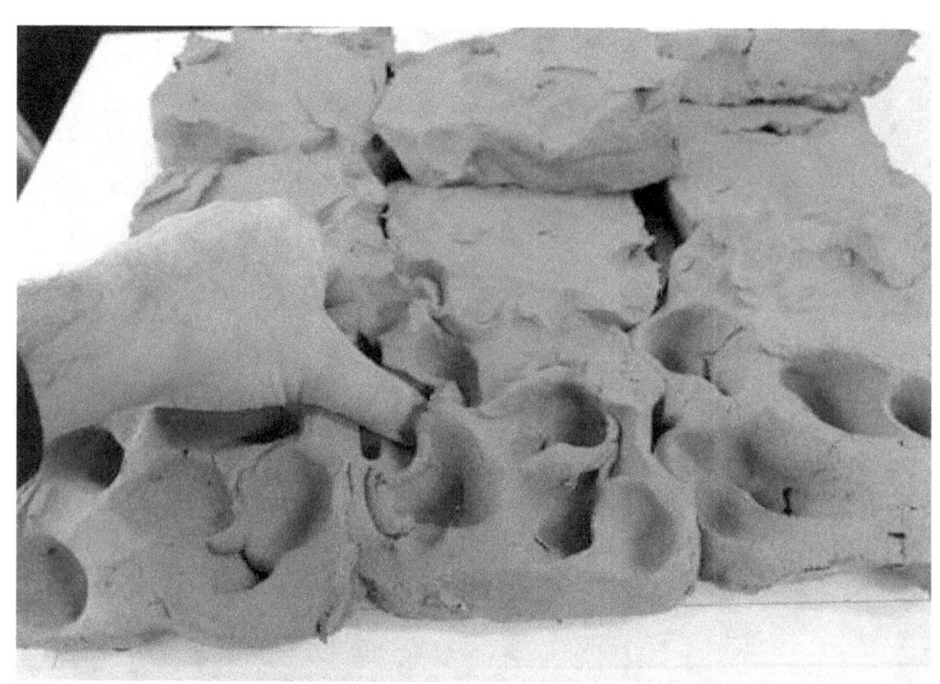

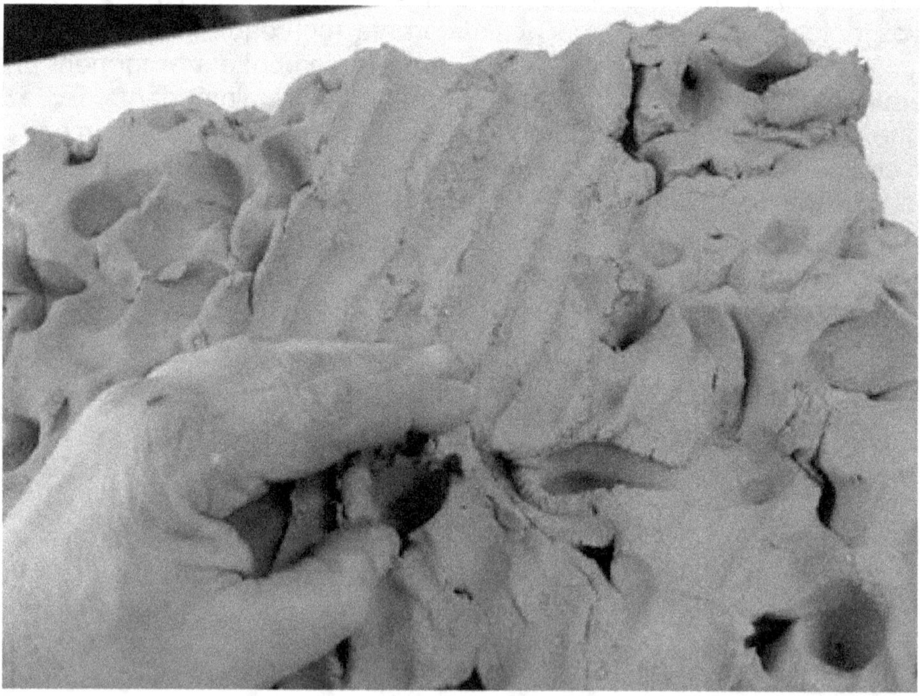

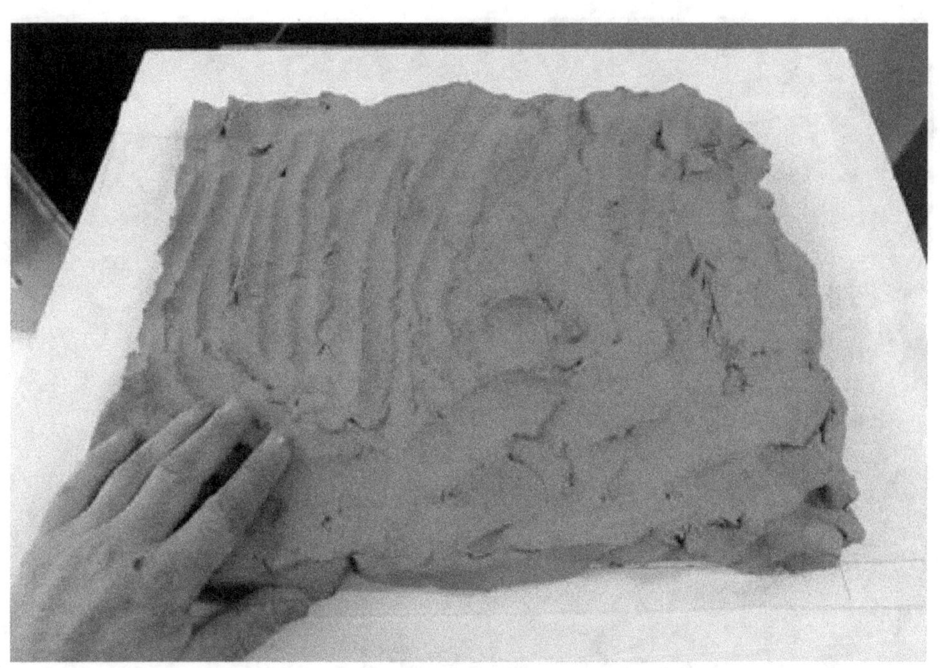

Con le dita prima e poi con la spatola cercate di spianare il più possibile il piano come mostrato nelle foto sopra e sotto.

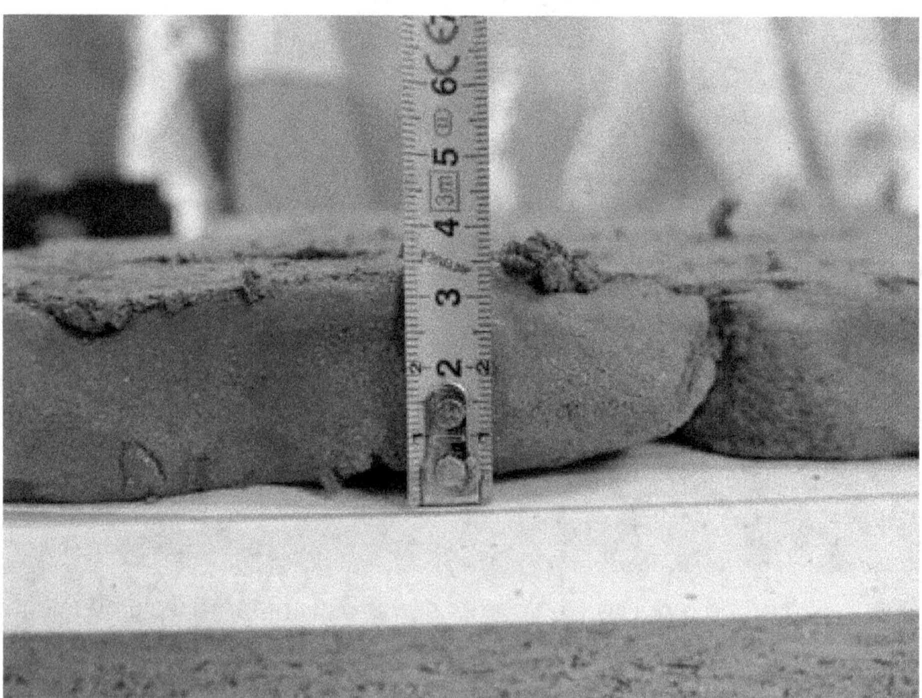

Mesurez maintenant l'épaisseur de la planche. Elle doit être d'environ 3,5 cm de chaque côté.

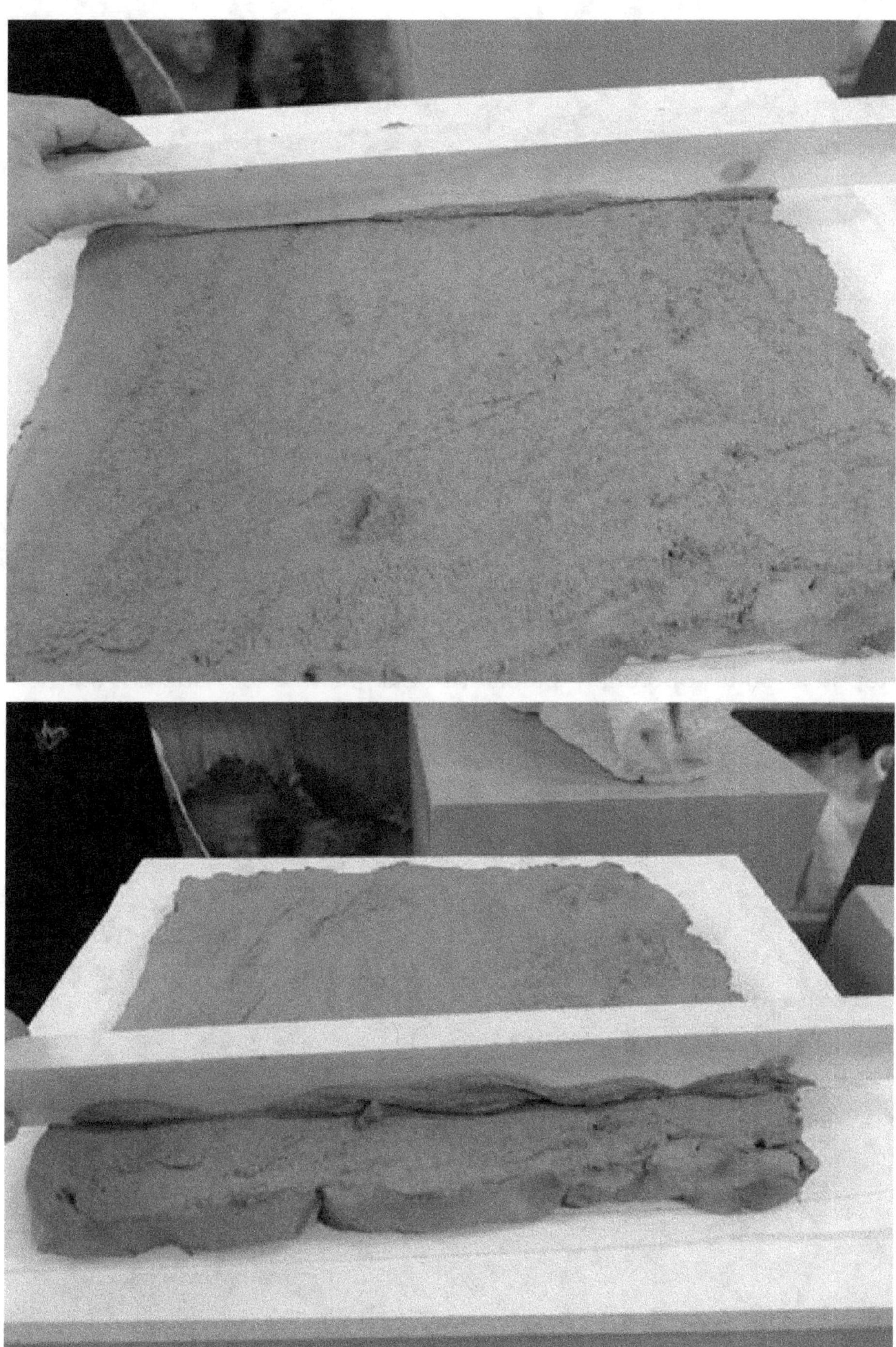

Prenez la baguette de bois et placez-la à deux mains sur la planche de manière à ce qu'un bord lisse et tranchant racle la surface de l'argile lorsque vous tirez vers elle.

Répétez cette opération plusieurs fois jusqu'à ce que la surface devienne suffisamment lisse et exempte de creux et de trous. À chaque traction, retirez l'argile restée attachée à la tige de bois.

Si, malgré tout, il reste des creux difficiles à enlever, prenez de l'argile et comblez-les, comme vous pouvez le voir sur les photos ci-dessus et ci-dessous.

Reprenez la baguette de bois et tirez plusieurs fois dans des directions différentes. Vous obtiendrez ainsi une surface parfaitement lisse. Vérifiez également à l'aide du mètre ruban que le plan a la même hauteur de tous les côtés. Avec les différents grattages, l'épaisseur doit avoir diminué de 3,5 cm à 3 cm.

À ce stade, vous remarquerez que les bords du plan sont irréguliers et dépassent de quelques centimètres le rectangle dessiné sur la feuille de papier. Nous devons maintenant tailler les bords pour qu'ils correspondent exactement aux dimensions indiquées sur le dessin.

Reprenez la baguette de bois et placez-la délicatement sur la surface de l'argile au niveau des marques de crayon sur le papier. Avec la spatule, coupez l'excédent d'argile, comme le montrent les photos ci-dessus et ci-dessous.

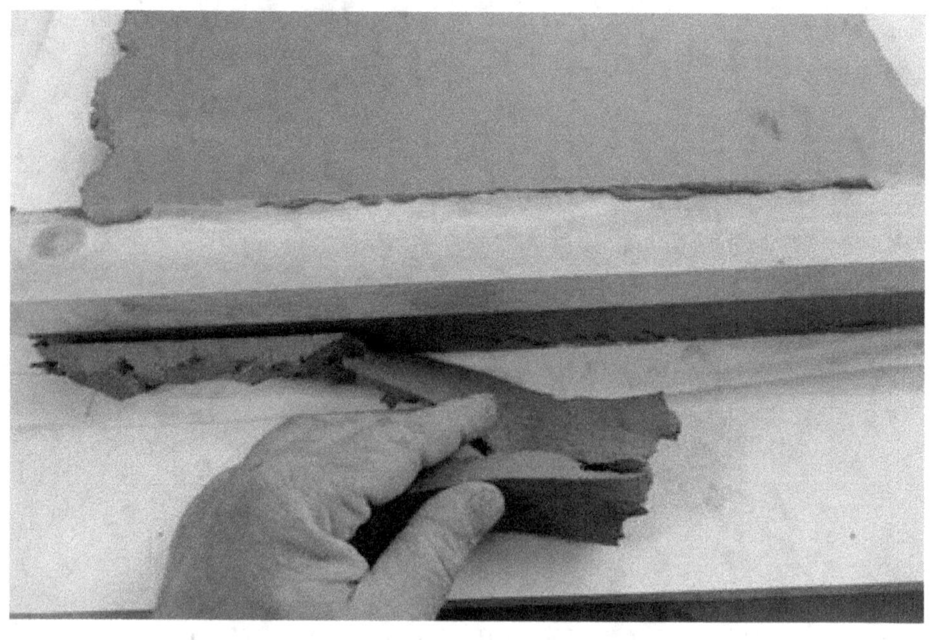

Répétez l'opération sur les quatre côtés. Comme vous l'avez peut-être remarqué, le fait d'avoir préalablement dessiné le rectangle sur le papier avec les lignes les plus longues aux angles s'est avéré très utile pour cette opération de découpage.

La plaque d'argile est alors terminée et prête à être gravée avec votre portrait.

# DÉBUT DE LA MODÉLISATION FACIALE

Maintenant que nous avons la surface d'argile, les tirages des photos sur des feuilles de format A3 et les spatules vues dans le chapitre précédent, nous pouvons enfin commencer notre portrait gravé vu de côté.

La première chose à faire est de prendre l'un des deux tirages et de le placer sur la surface d'argile fraîche. Veillez à ce que le visage soit centré par rapport au plan, comme le montrent les photos ci-dessous.

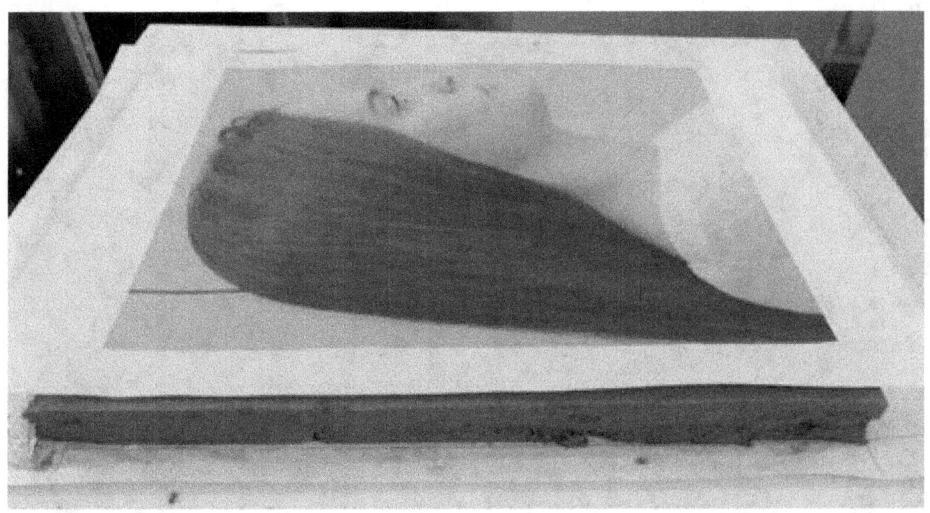

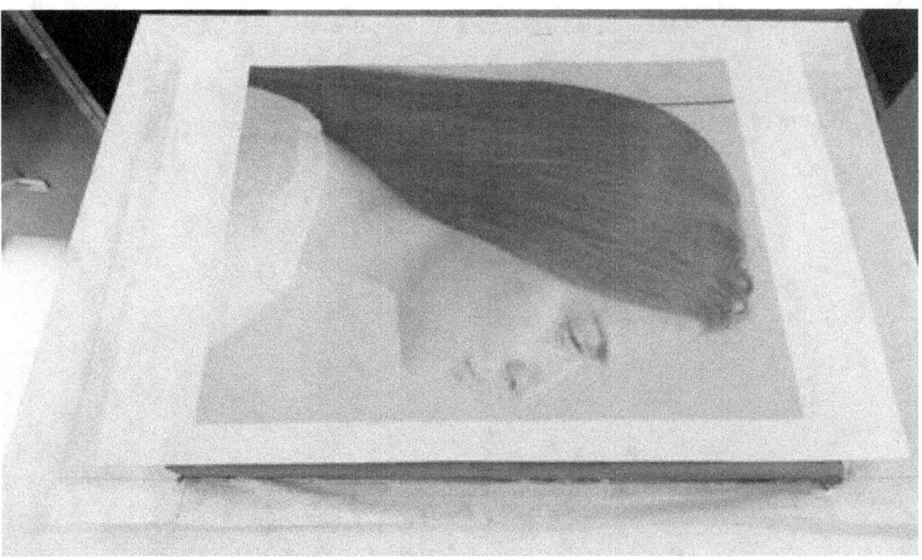

L'étape suivante consiste à faire aussi vite que possible car l'argile fraîche mouille le papier de l'impression et chaque minute de plus que la feuille reste sur l'argile, elle se ramollit, gonfle, se déforme et devient plus susceptible de se déchirer.

Prenez donc une spatule pointue et, comme vous pouvez le voir sur les photos ci-dessous, essayez de passer sur les lignes principales du visage en appuyant légèrement et en tenant la pointe en biais. Passer avec la pointe non pas en biais mais perpendiculairement risque de déchirer le papier déjà en partie imbibé d'eau. Passez sur le contour de la tête entière, les cheveux, les yeux et les oreilles si elles sont visibles.

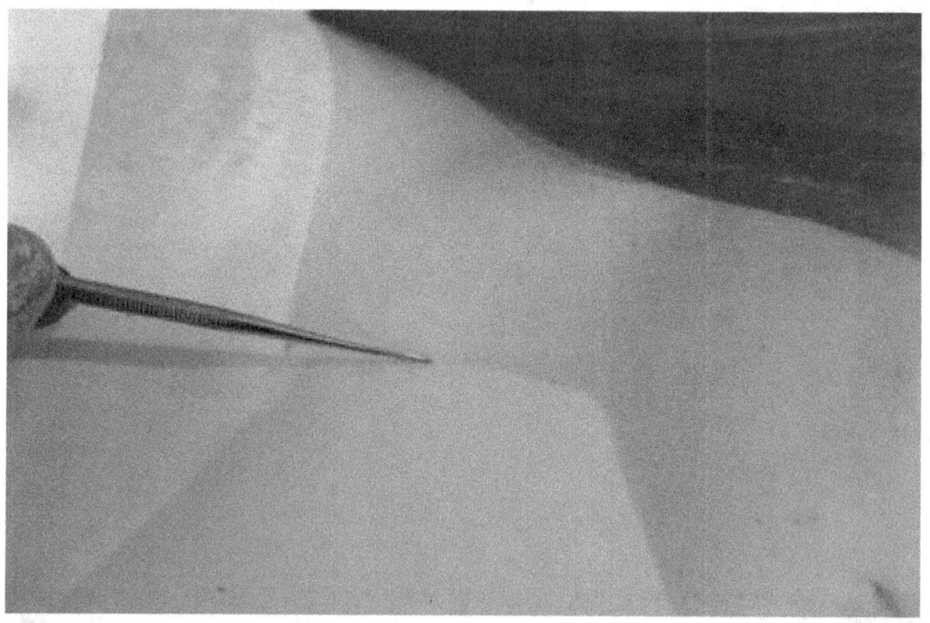

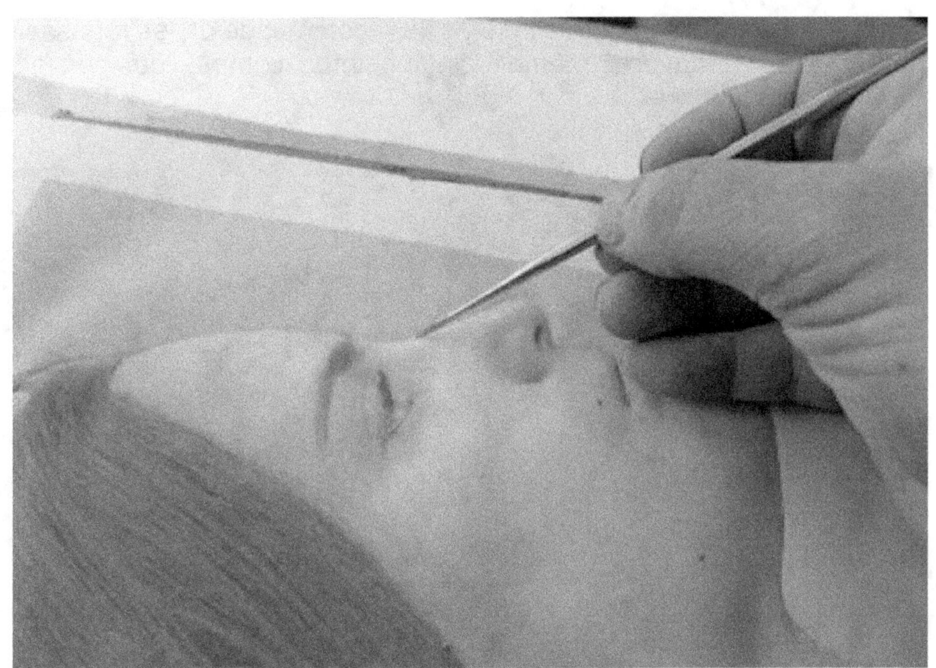

Dès que vous avez terminé cette opération, retirez la feuille du dessus de l'avion et jetez-la : ainsi abîmée, vous n'en aurez plus besoin. Sur la photo ci-dessous, vous pouvez voir le résultat du travail que vous venez d'effectuer, où l'on peut voir les contours de la tête dessinés.

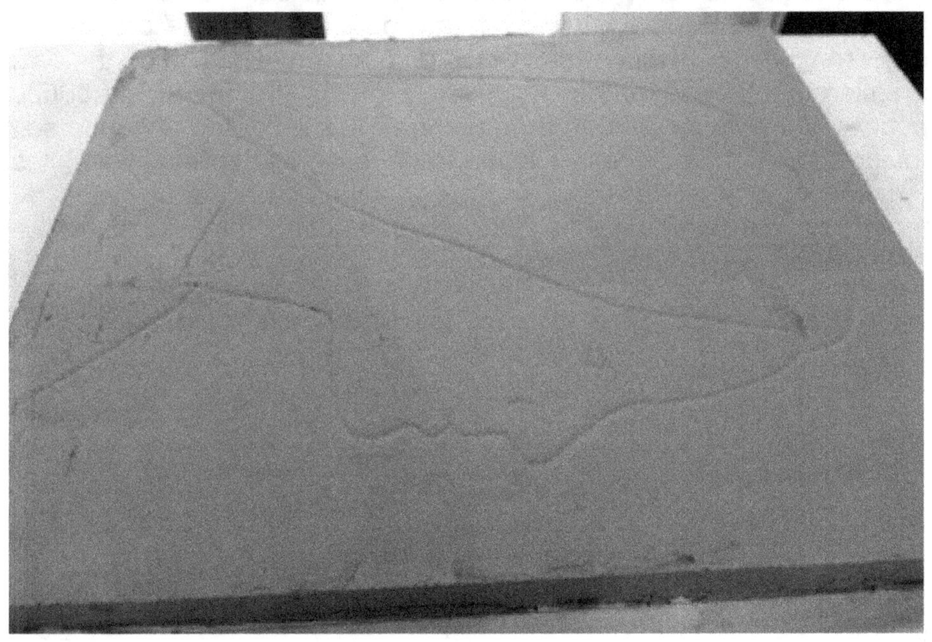

Comme les marques sont très légères, je recommande de les repasser et de les souligner avec la même raclette pointue, comme vous pouvez le voir ci-dessous.

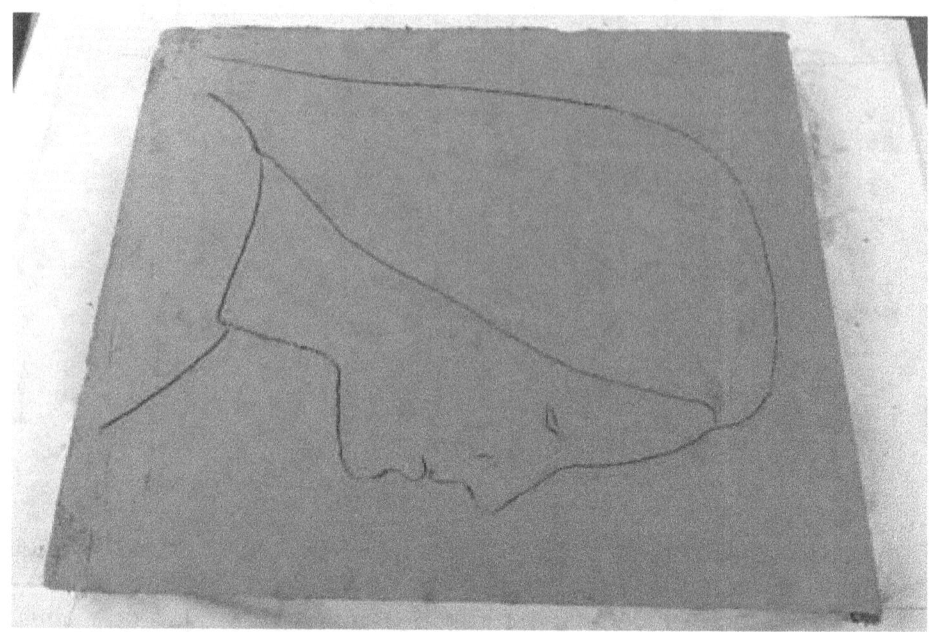

L'opération suivante consiste à découper l'argile sur tout le contour de la tête à l'aide d'une spatule en forme de lame, sur une profondeur d'environ 8 à 10 millimètres. Deux recommandations importantes : premièrement, essayez de maintenir la même profondeur de coupe pour tout le contour, et deuxièmement, veillez à ce que la coupe soit toujours perpendiculaire au plan. Sans ces deux précautions, les formes de la face dessinée pourraient varier en taille au cours du travail, ce qui compromettrait la vraisemblance. Voir les photos ci-dessous

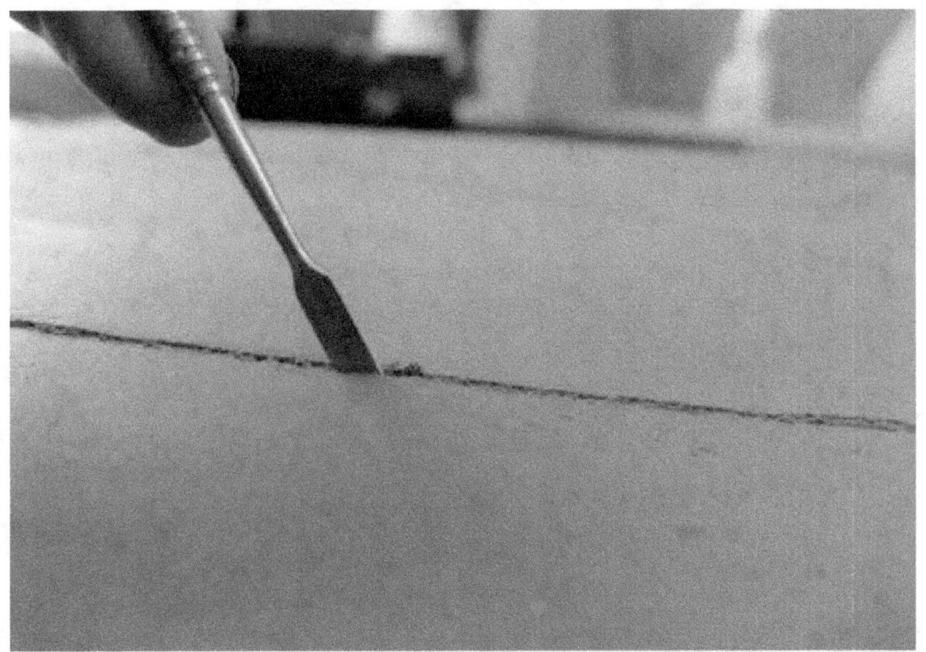

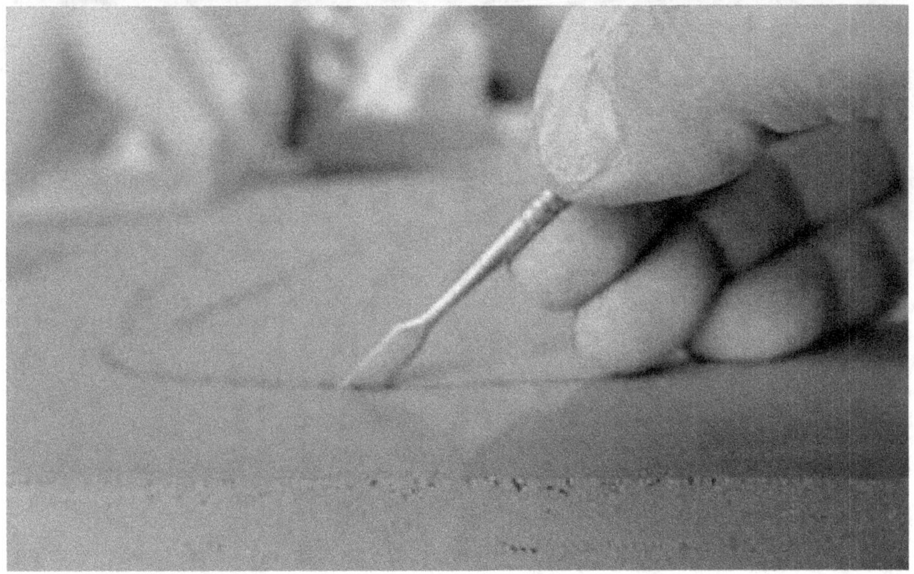

Immédiatement après l'incision du contour, passez à l'opération d'enlèvement de la couche d'argile autour de la tête, comme on peut le voir sur les photos suivantes. Prenez une spatule à bout plat et pointu, insérez-la dans l'incision du bord et enlevez cette couche d'argile de 8 à 10 millimètres.

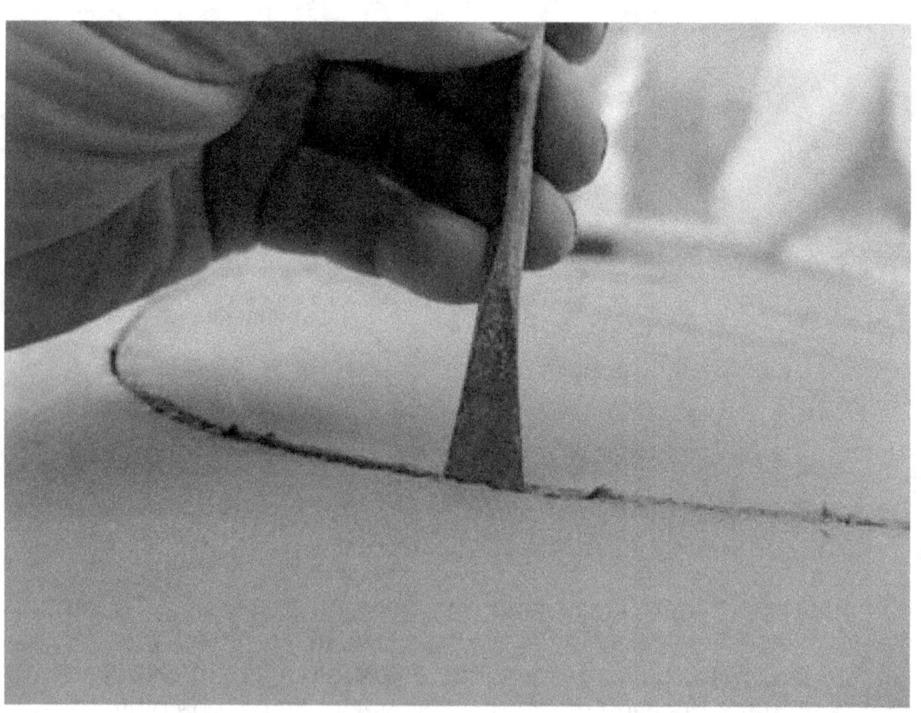

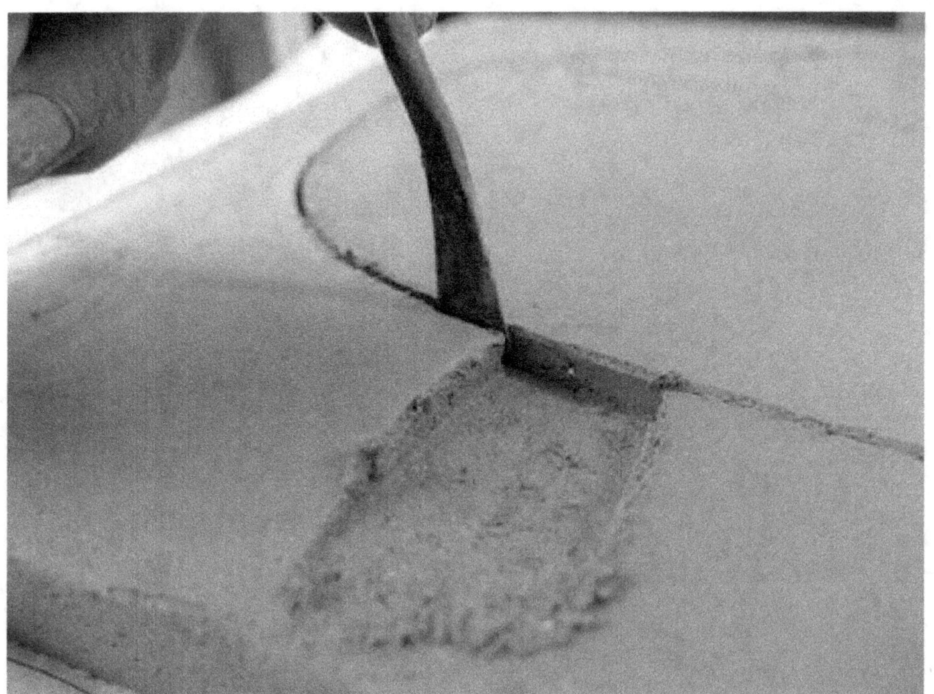

Insérer la spatule dans l'incision en position verticale (perpendiculairement à la surface de l'argile) et tirer vers l'extérieur de manière à former une sorte de glissement comme on peut le voir sur les photos ci-dessus et ci-dessous.

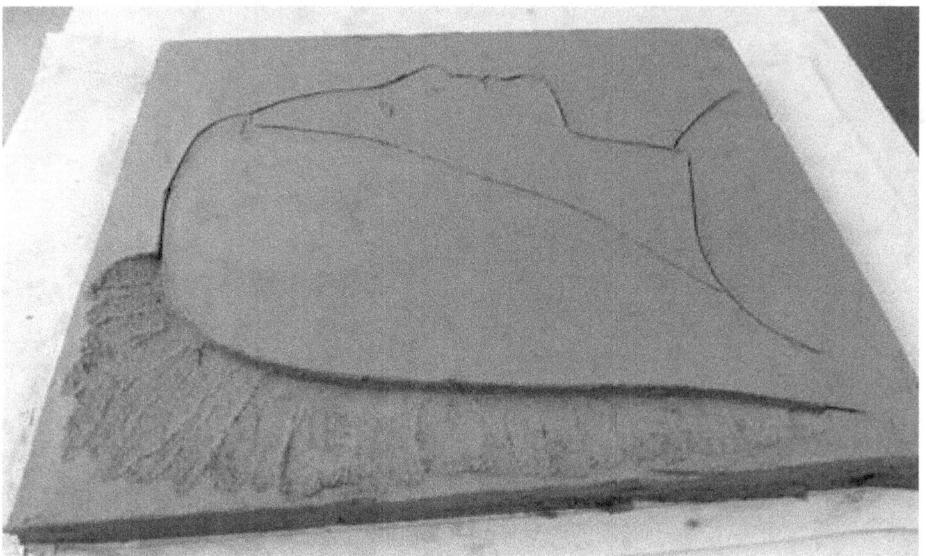

Faites-le tout autour de la figure

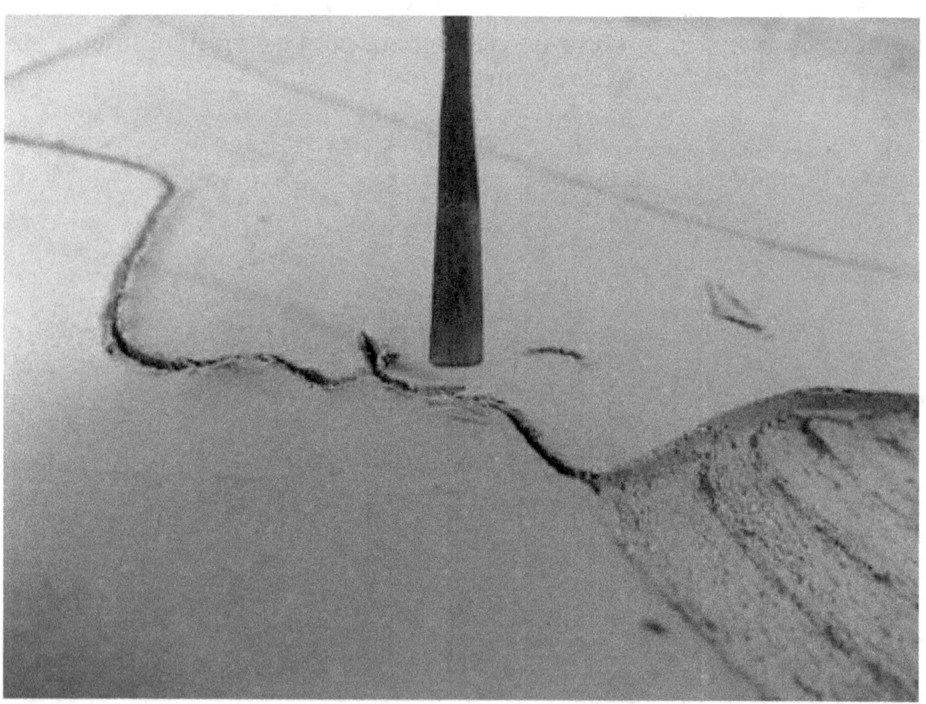

Dans la direction du nez et de la bouche, où se trouvent les plus petits détails du visage, utilisez une spatule plus étroite.

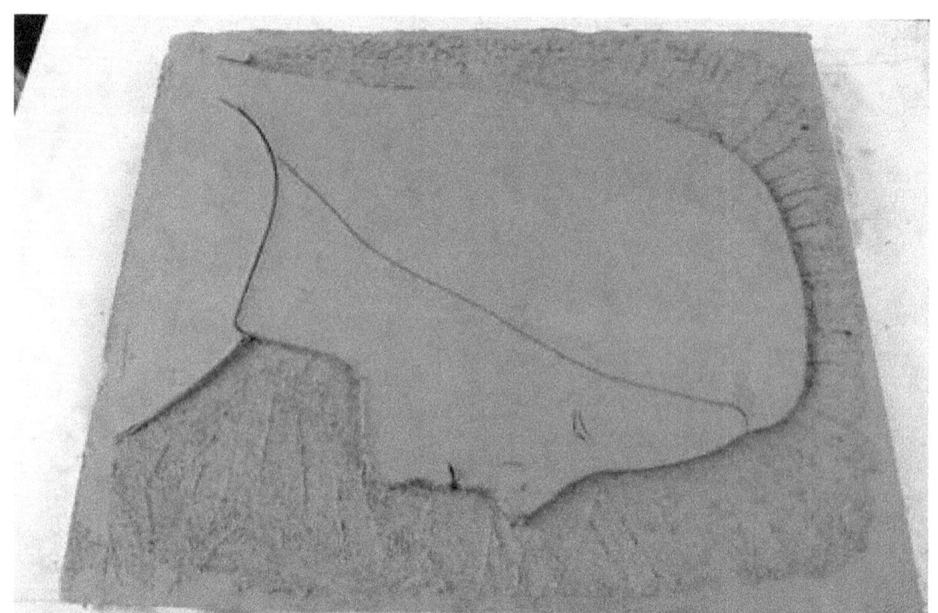

Comme vous pouvez le voir sur la photo ci-dessus, la tête a été entièrement modelée.

La profondeur du contour commence à 8-10 millimètres sur le périmètre de la tête et diminue en allant vers l'extérieur jusqu'à ce qu'elle soit nulle sur les bords extérieurs du plan d'argile

Immédiatement après la découpe du contour, les contours de la figure doivent être ajustés de manière à ce que le bord corresponde exactement à la marque obtenue précédemment en gravant le plan avec la photo. En outre, le bord de la figure doit avoir une épaisseur

égale de 8 à 10 mm sur tout le pourtour et être parfaitement vertical par rapport au plan, comme le montre la photo ci-dessous.

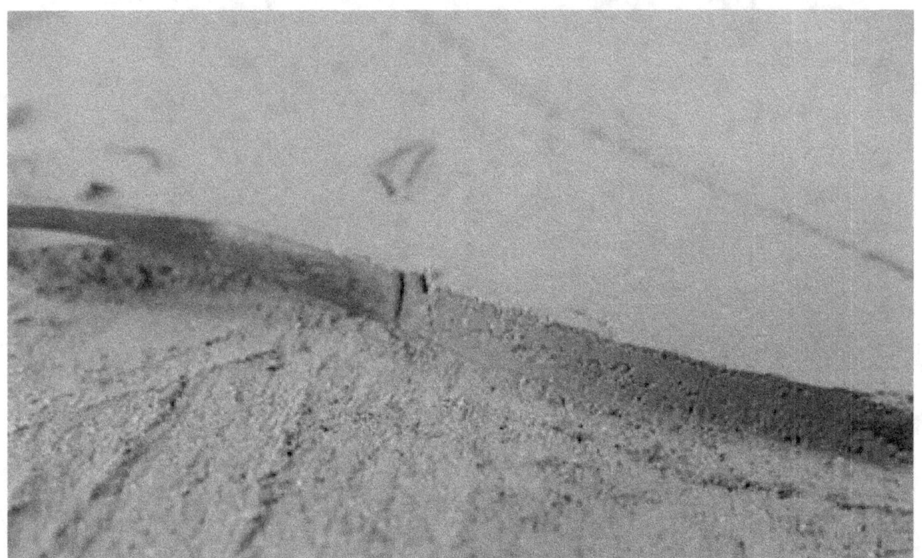

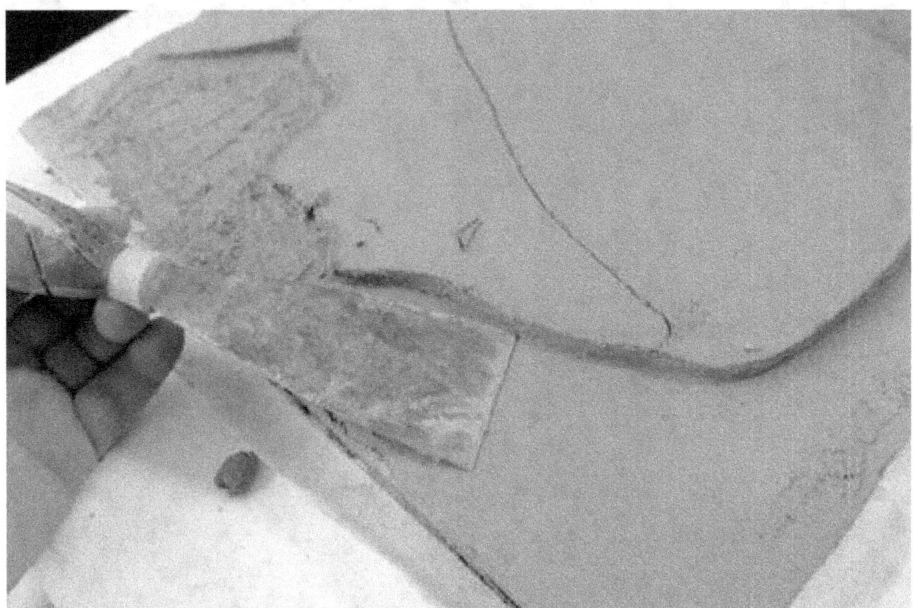

Après avoir disposé les bords comme indiqué ci-dessus, prenez la truelle à larges lames et utilisez-la pour lisser toute la surface autour de la figure de tête, comme le montrent les photos suivantes.

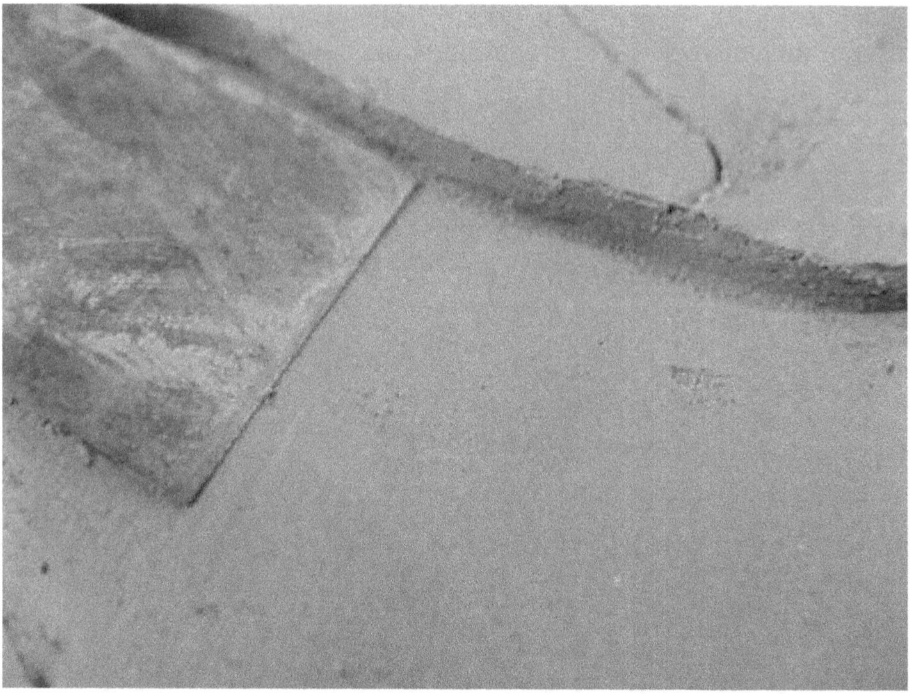

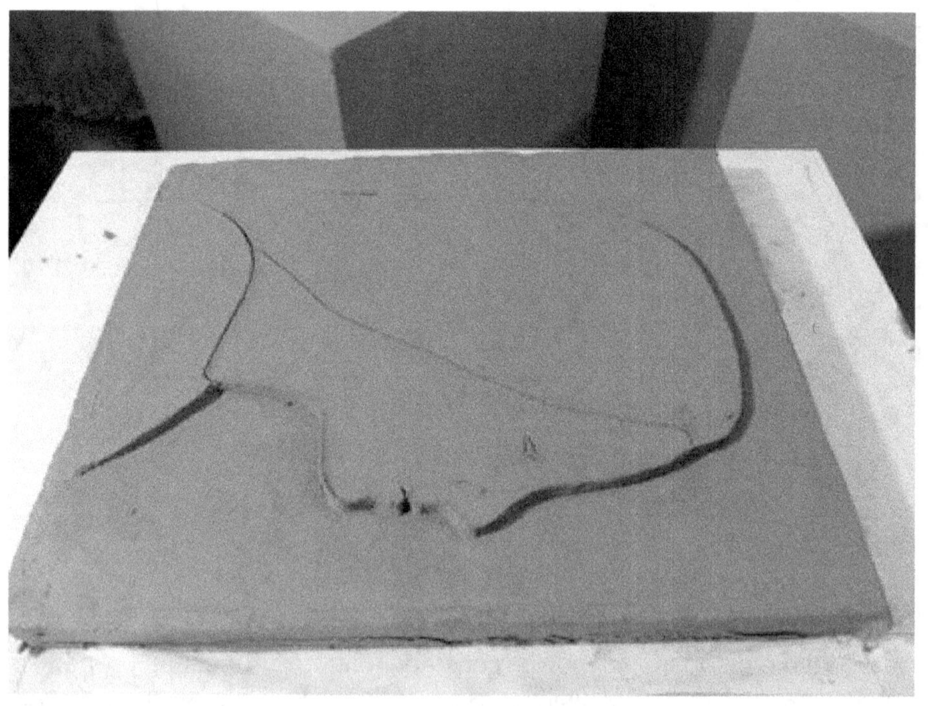

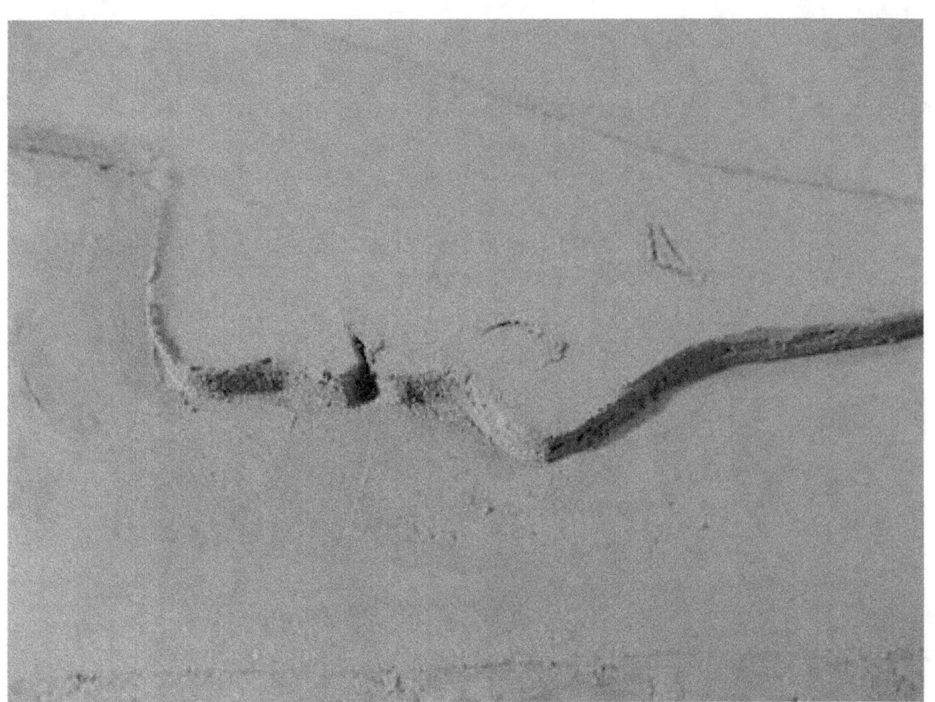

Vous avez maintenant réussi à obtenir la figure de la tête qui émerge du plan d'argile d'environ 8-10 mm avec les bords bien définis et perpendiculaires au plan.

Vous pouvez enfin mettre la main sur le visage, mais avant de commencer à utiliser les couteaux à palette, je vous recommande vivement de vérifier soigneusement et méticuleusement les dimensions des détails du visage, comme le montrent les photos suivantes. À l'aide d'un compas, mesurez les dimensions des détails anatomiques sur la photo et comparez-les avec la partie correspondante dans l'argile. Même une différence d'un millimètre compromet la vraisemblance du portrait.

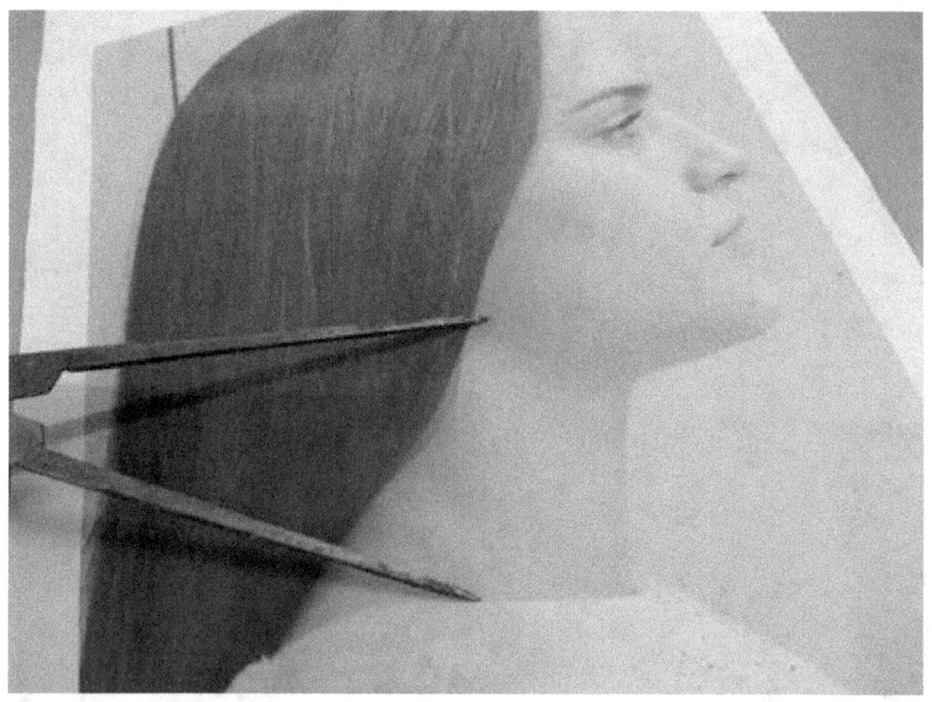

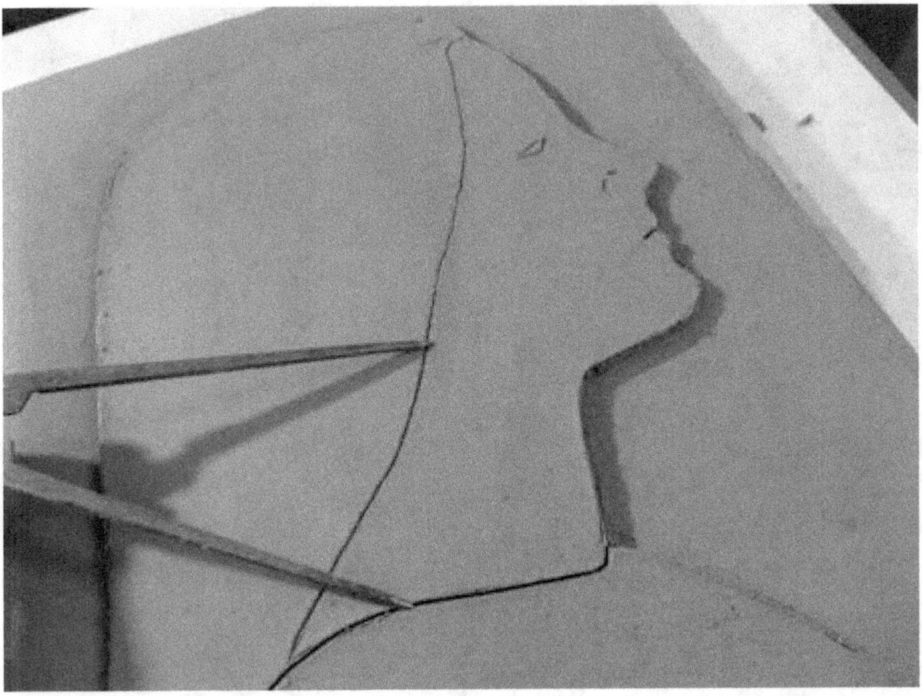

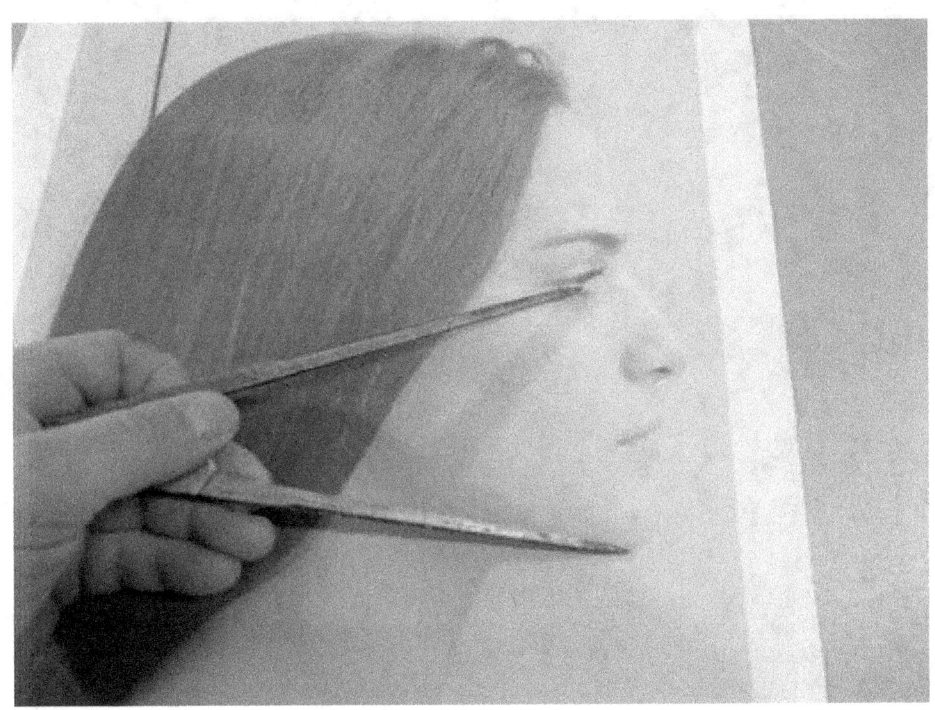

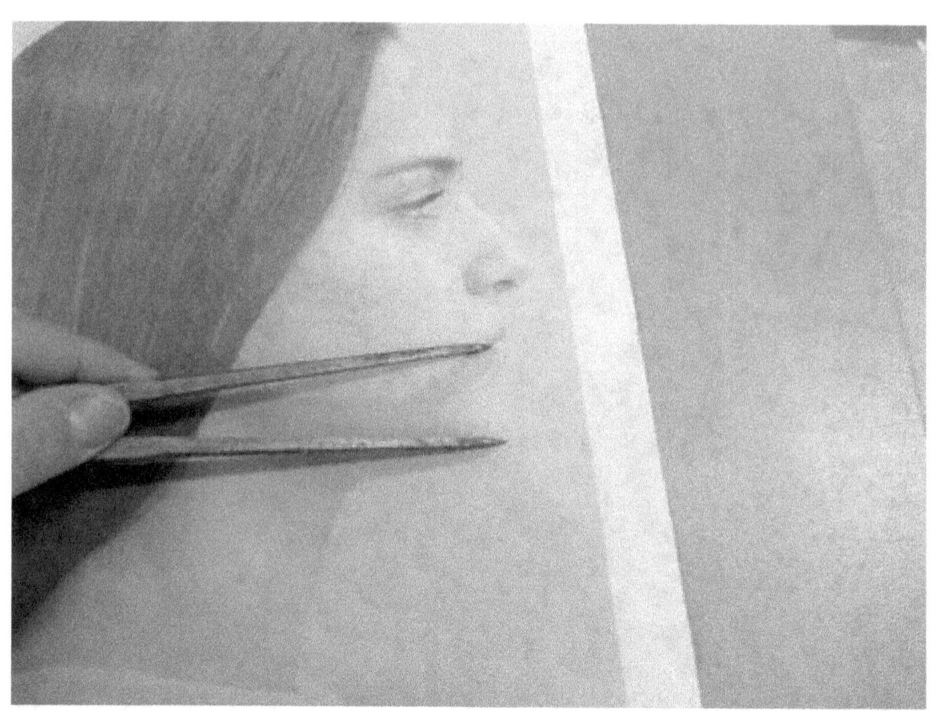

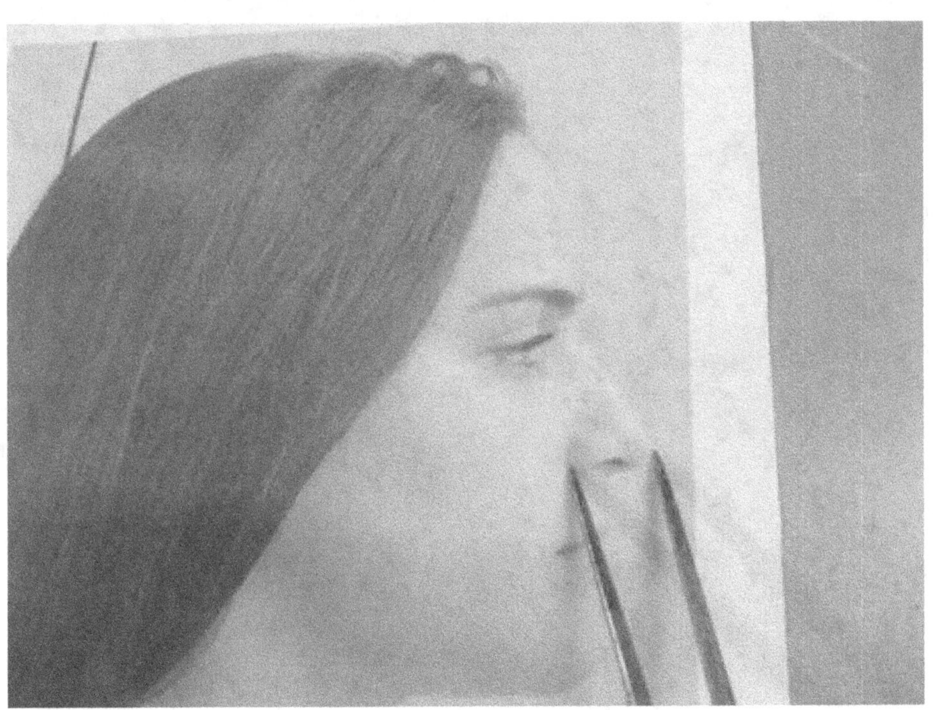

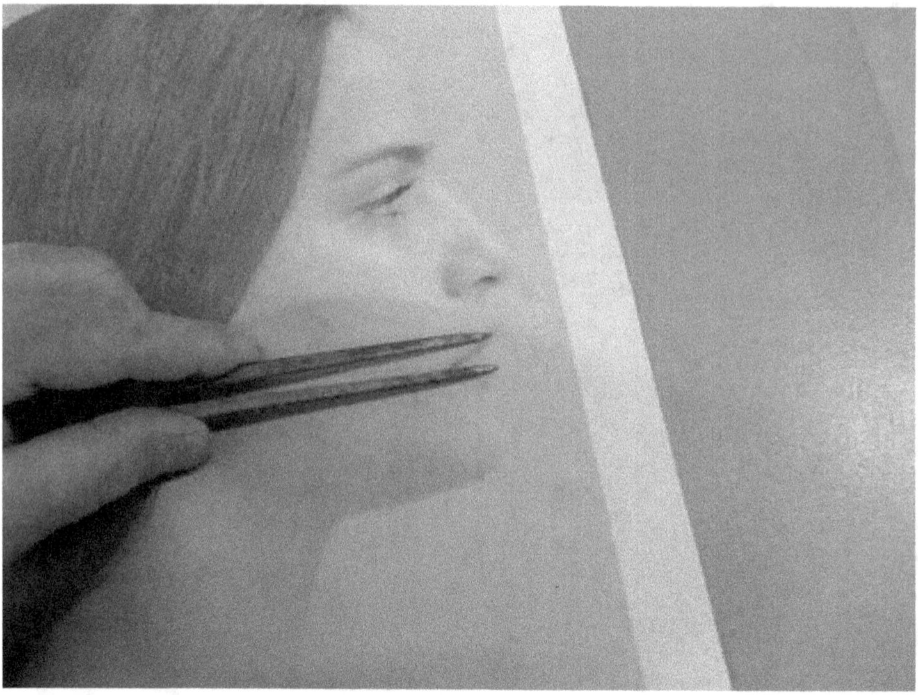

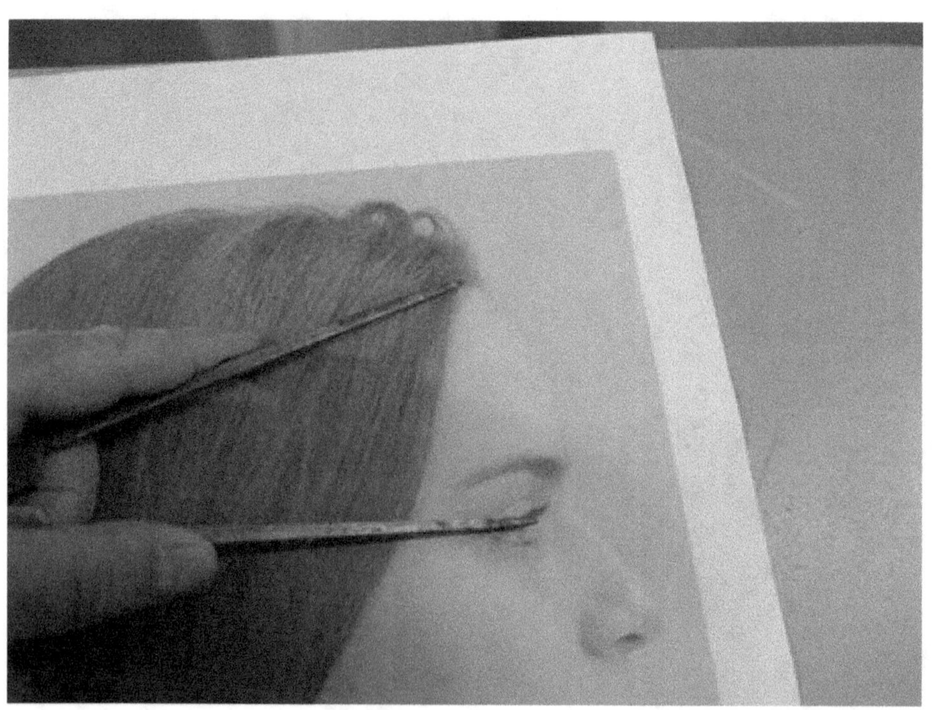

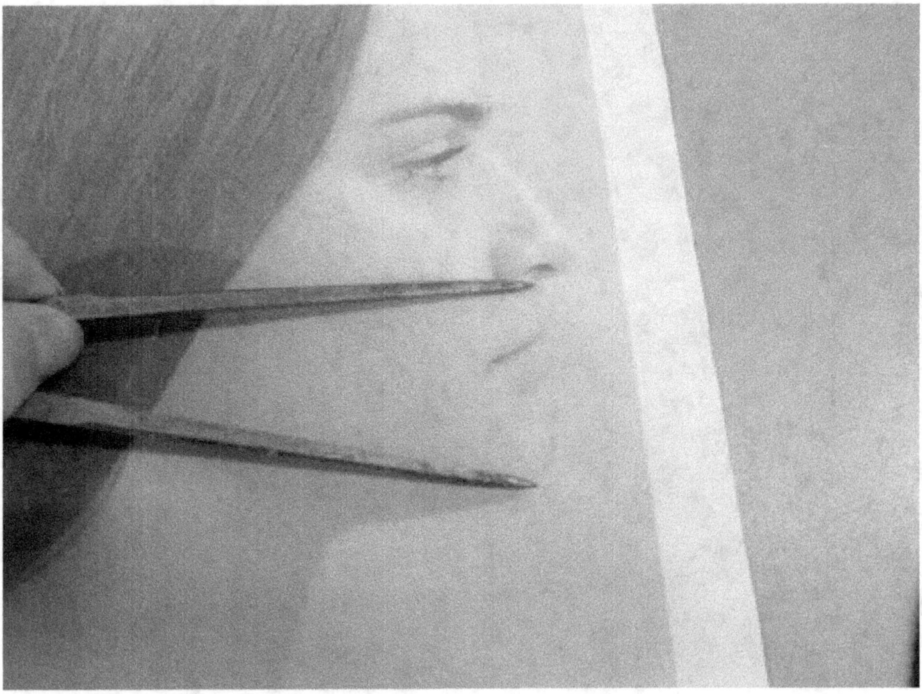

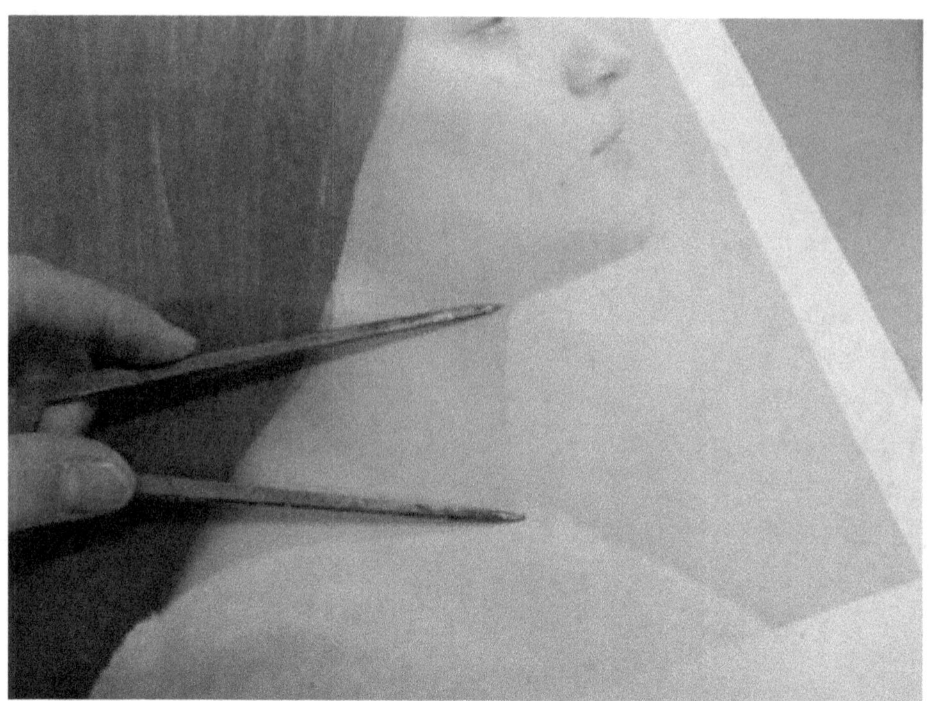

Dès que nous avons terminé ce contrôle méticuleux, nous mettons la main aux spatules. Je recommande de commencer par le cou. Le cou, par rapport à l'ensemble de la figure de la tête, est l'une des parties les plus basses, d'où la nécessité d'enlever plus d'argile.

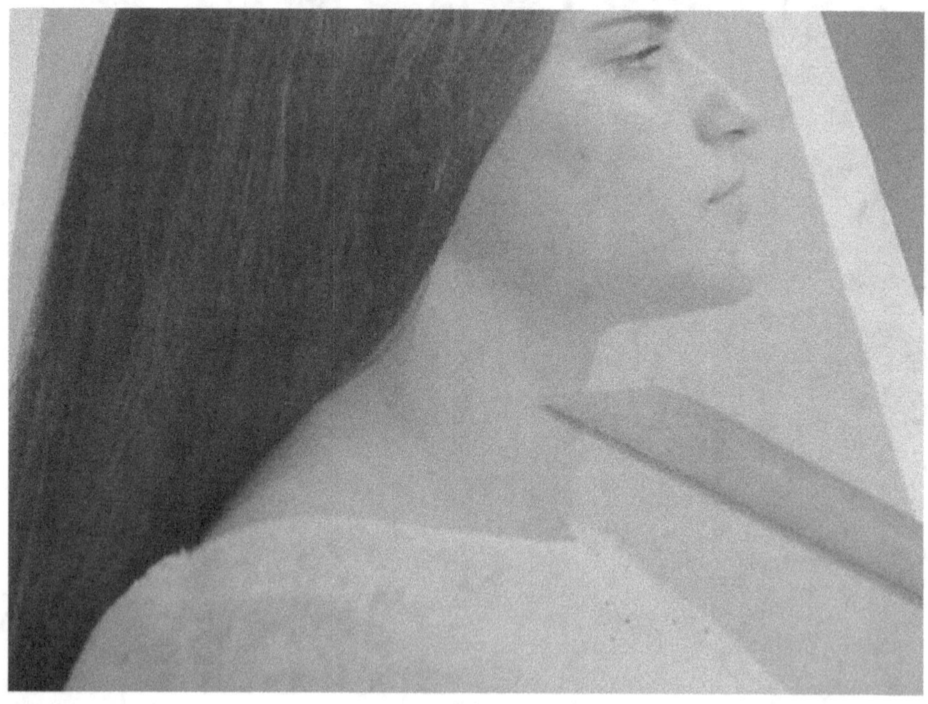

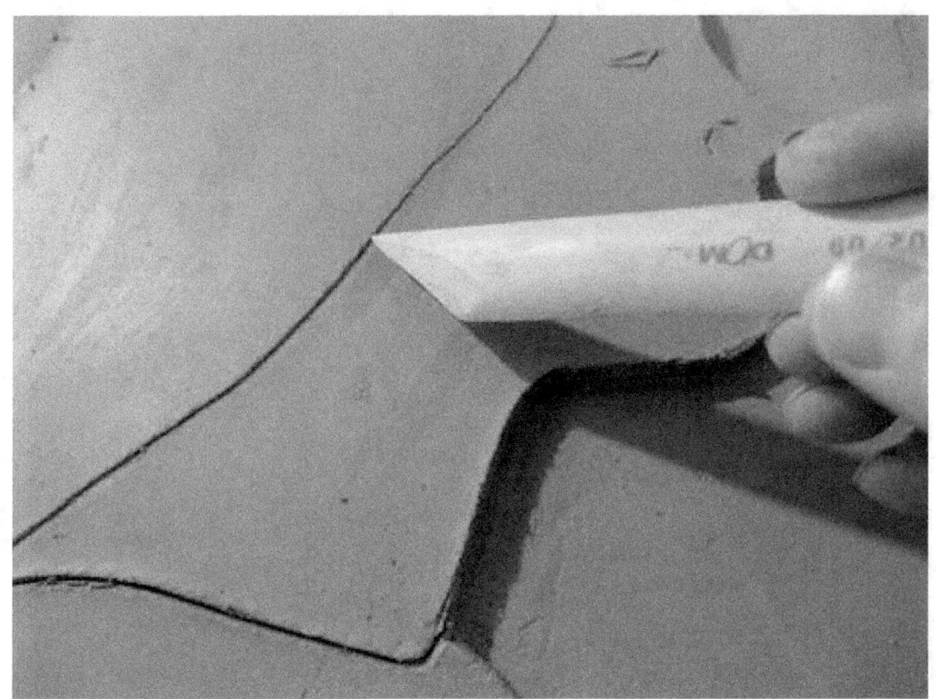

Avec la spatule, commencez à enlever de l'argile comme indiqué sur les photos ci-dessous. Si la tête dépasse le plan de 10 millimètres, enlevez de l'argile jusqu'à ce que le cou dépasse le plan de 3 millimètres au maximum.

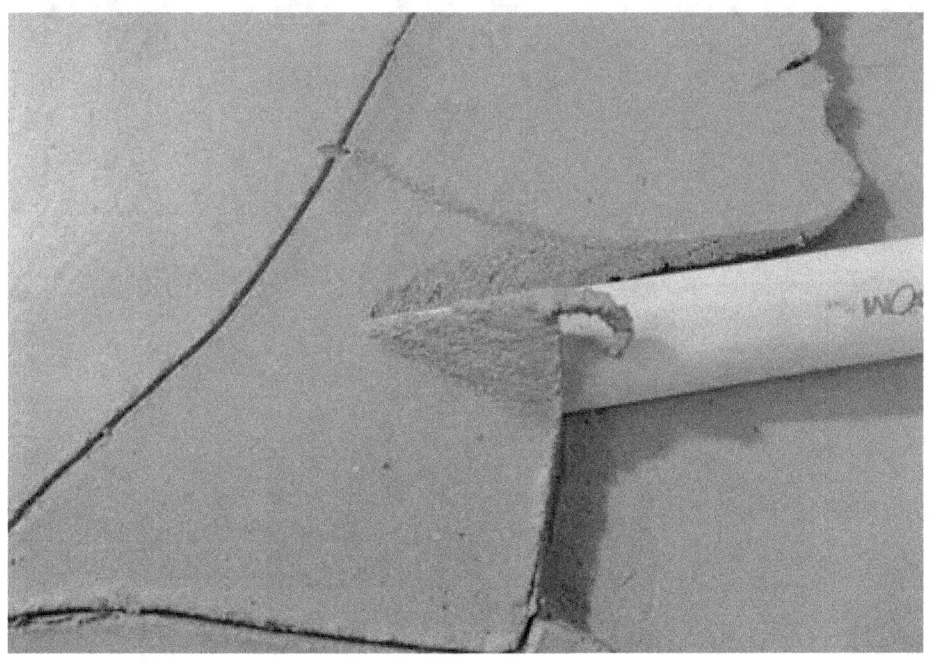

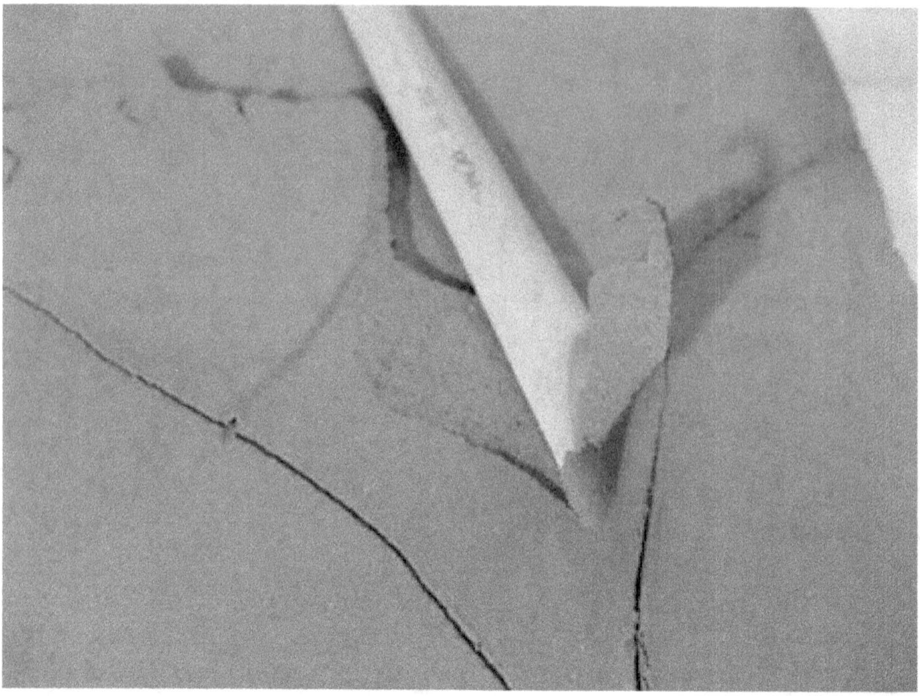

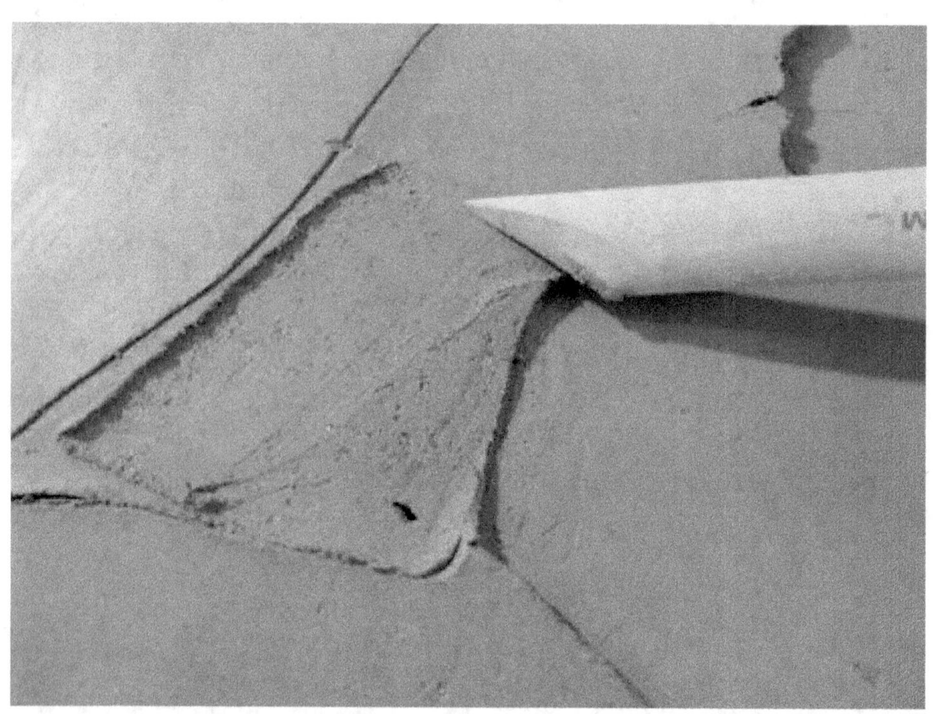

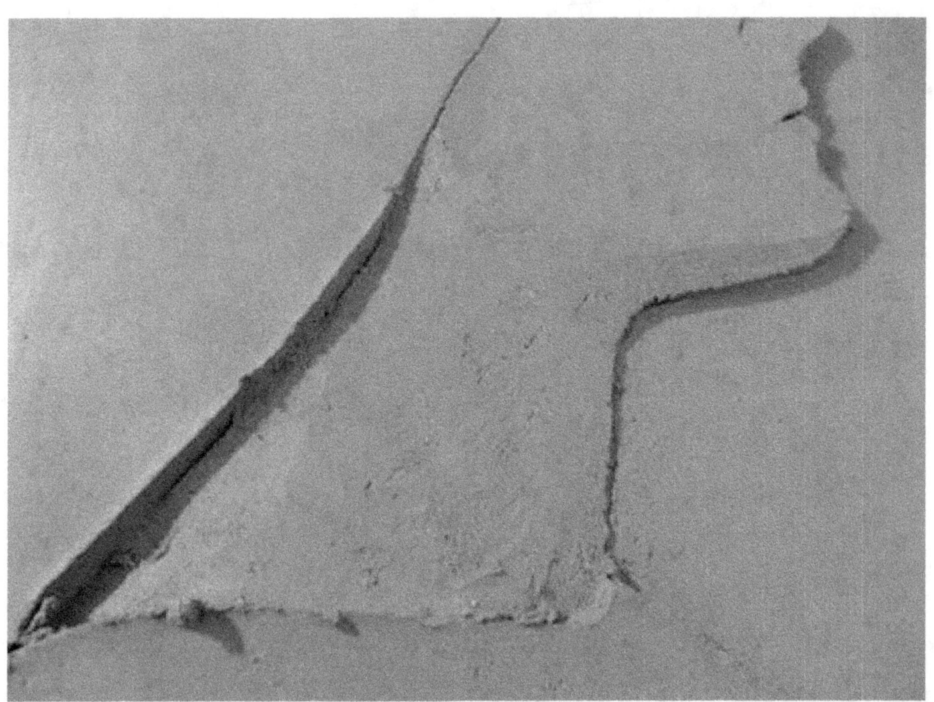

Immédiatement après avoir enlevé l'argile du cou, en enlever d'autres sur le bord de la tête, en esquissant la forme de la nuque et des cheveux, comme on peut le voir sur les photos ci-dessous.

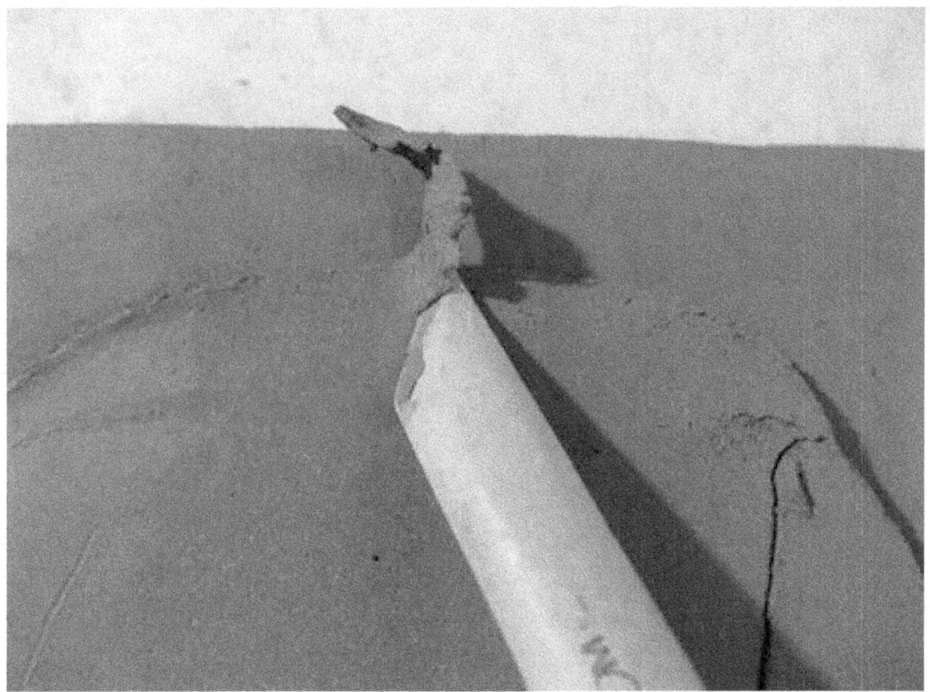

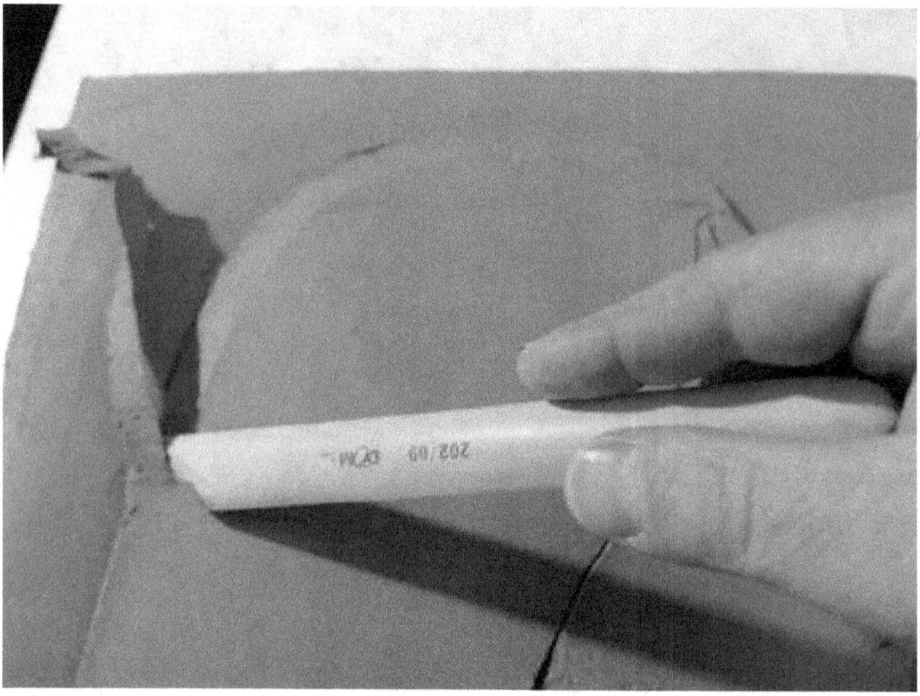

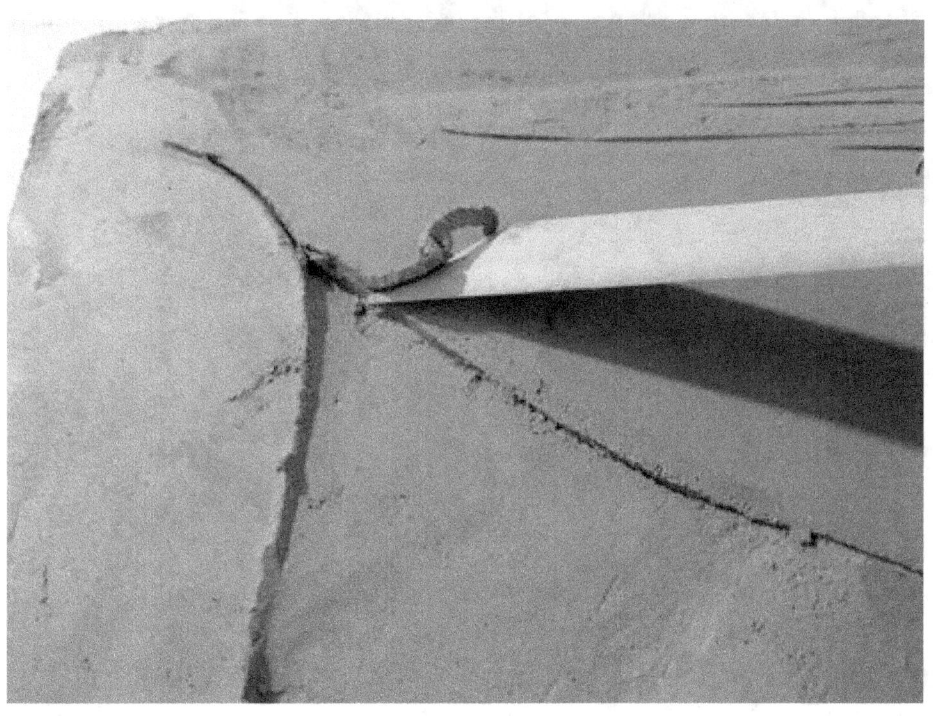

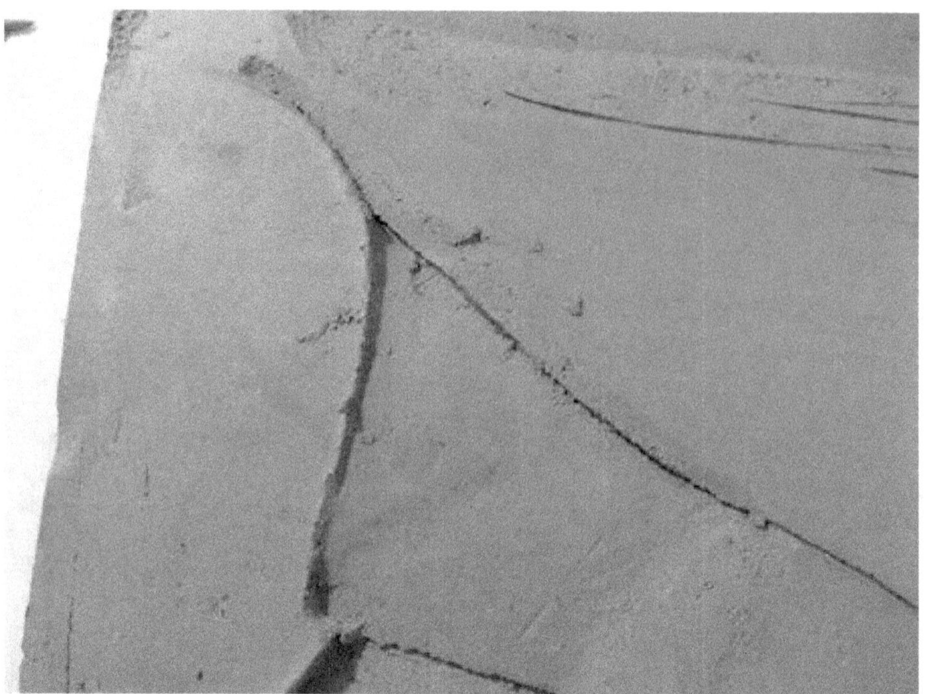

Une fois ces opérations terminées, passez à la suivante, qui consiste à définir la forme de l'épaule et en même temps la forme de la maille et la définition du cou. Suivez les photos ci-dessous.

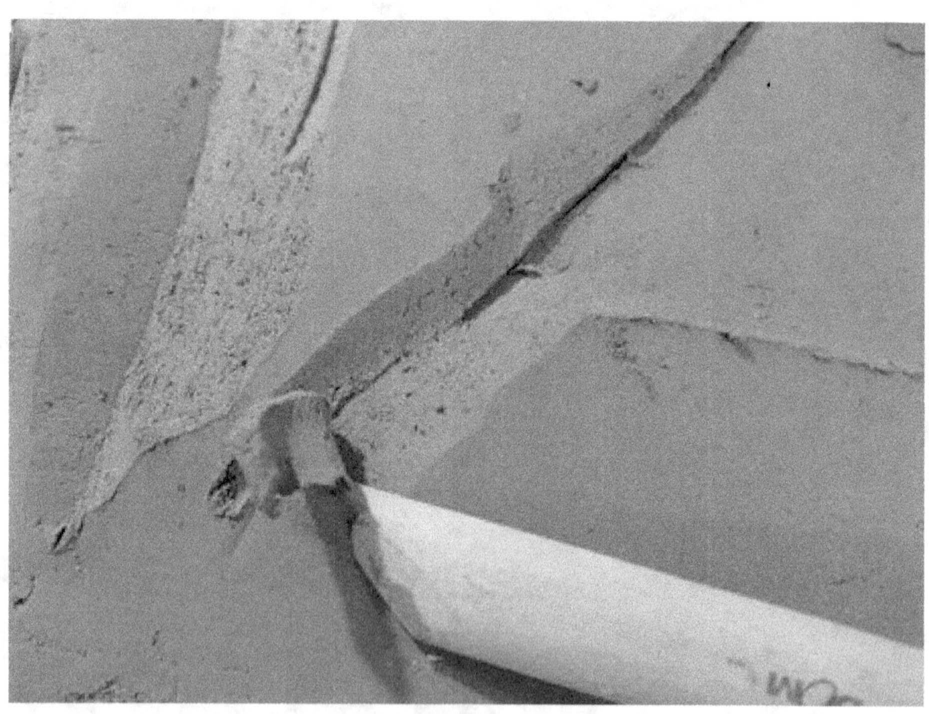

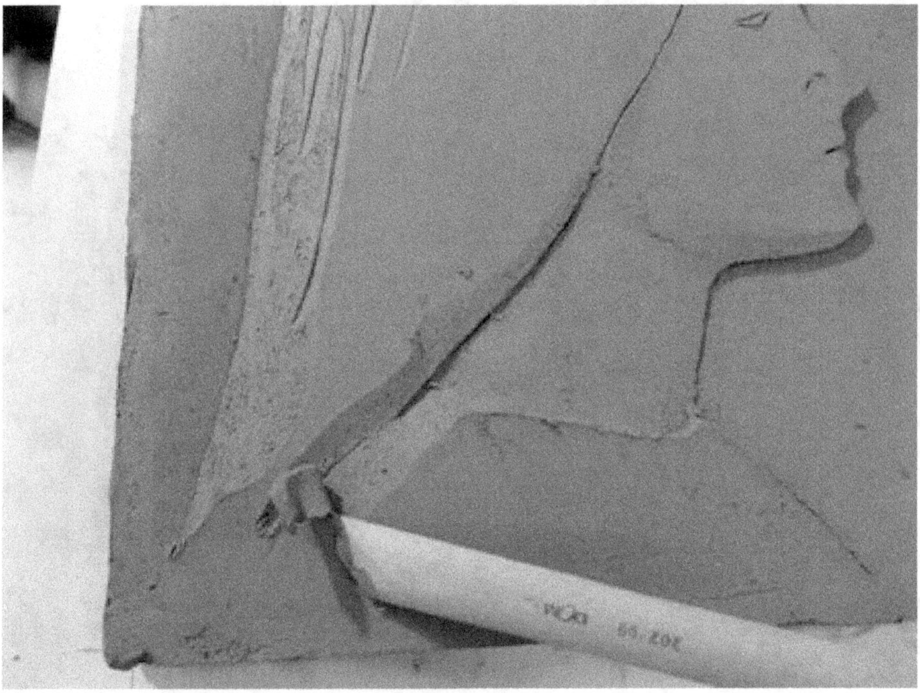

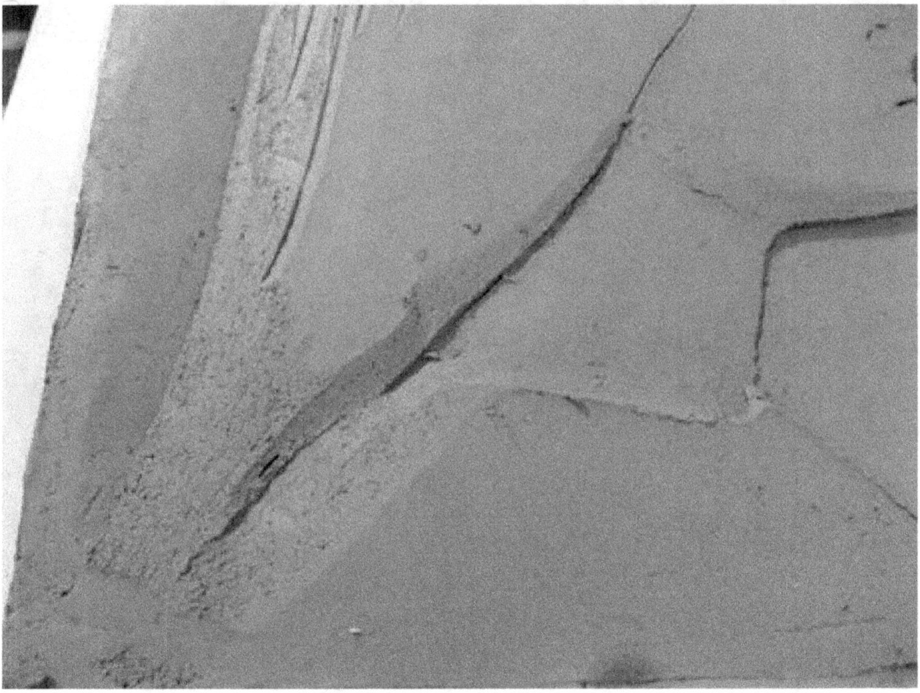

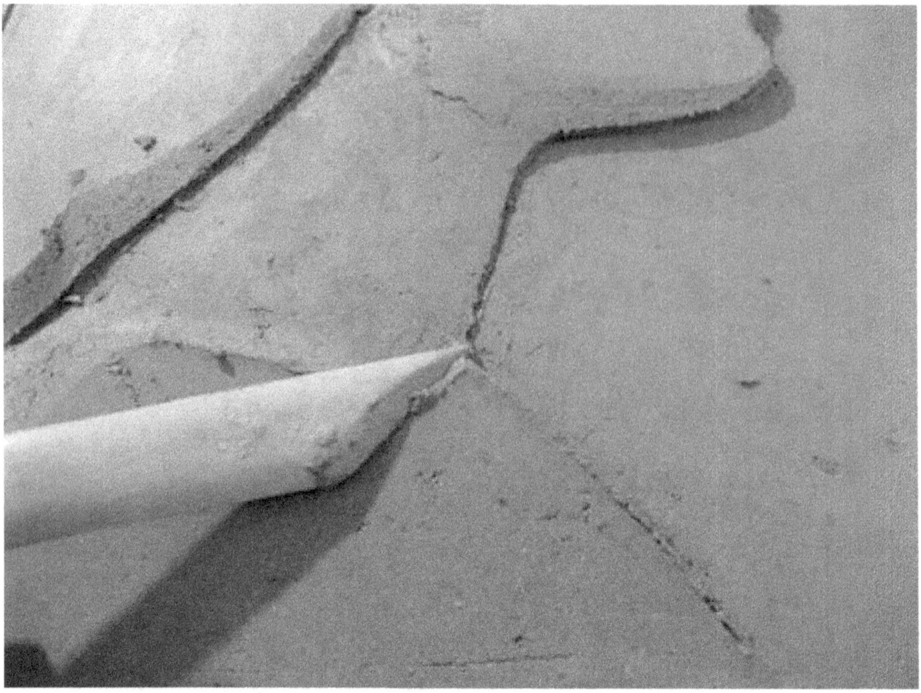

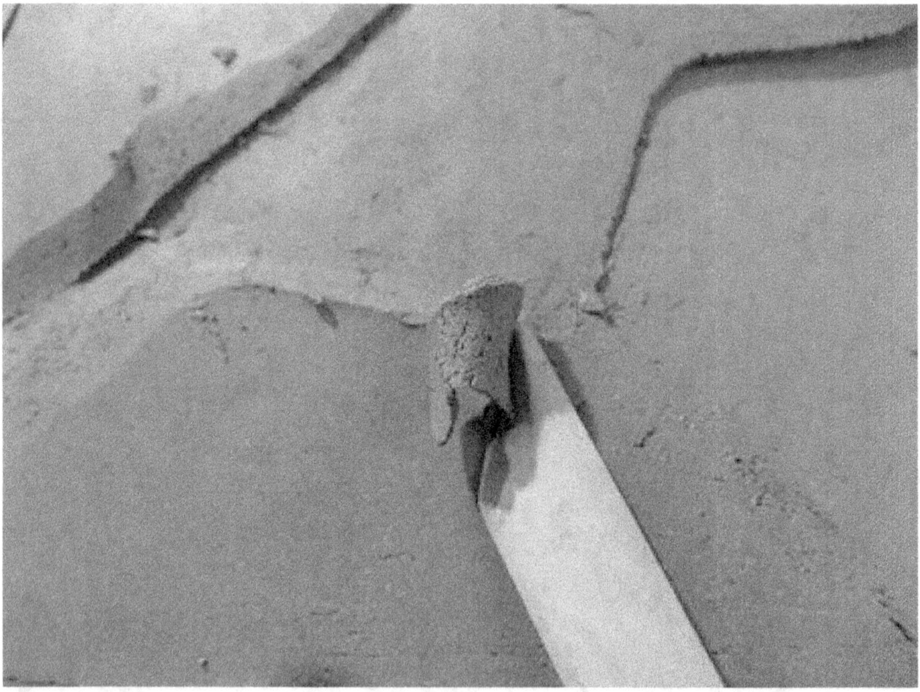

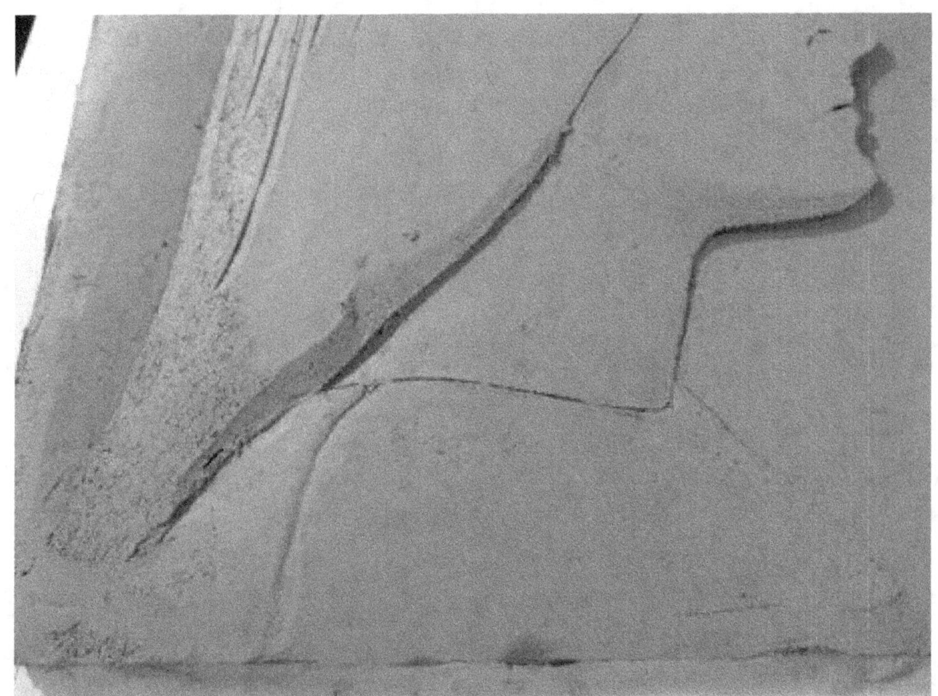

L'épaule, la pommette et la partie centrale des cheveux sont les parties les plus hautes du portrait par rapport au plan de l'argile. Tout se joue évidemment sur une différence d'épaisseur de quelques millimètres et l'habileté d'un bon sculpteur repose précisément sur la capacité à recréer les différentes profondeurs en quelques millimètres d'épaisseur.

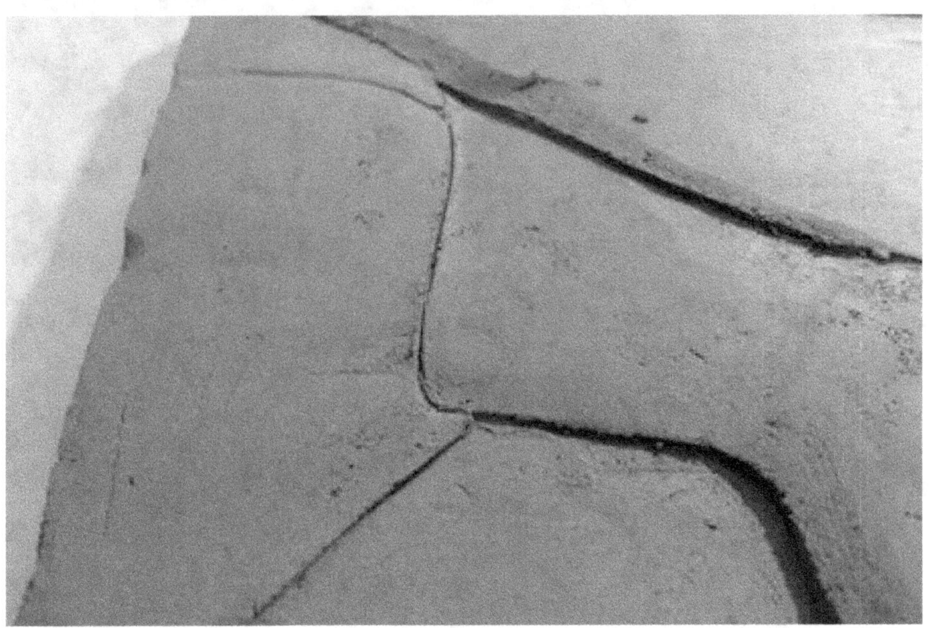

Vous remarquerez que les surfaces sont rugueuses lors du traitement. Cela est dû à la présence de chamotte amalgamée à l'argile (grains d'argile cuits et broyés qui rendent le lissage plus difficile).

Dès que l'épaule et le cou sont définis, il faut passer à l'ébauche de la chevelure, comme le montrent les photos suivantes.

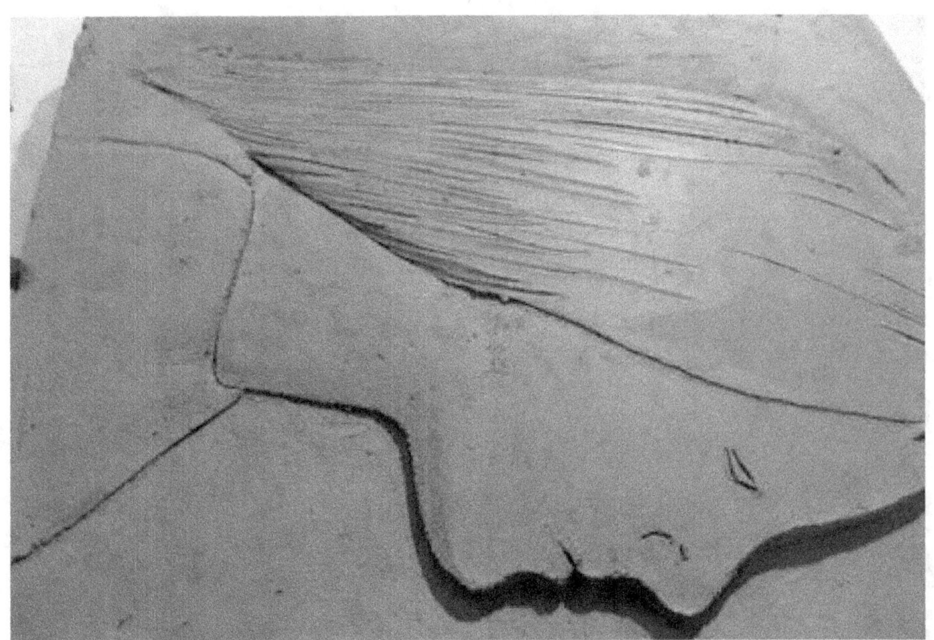

Sur la photo ci-dessus, vous pouvez voir que les cheveux sont à peine visibles et que les surfaces du cou et de l'épaule ne sont pas encore parfaitement lisses. Lors du lissage final, les muscles du cou seront également définis.

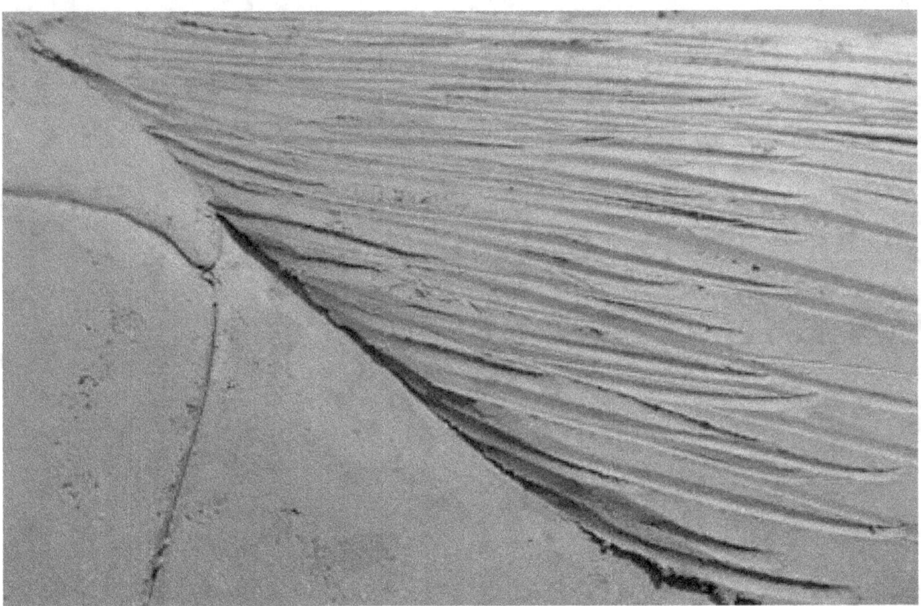

Ora è il momento di affrontare il compito più importante e impegnativo e cioè mettere mano al viso. Tuttavia non vi preoccupate: seguendo le foto e i suggerimenti che seguono riuscirete perfettamente.

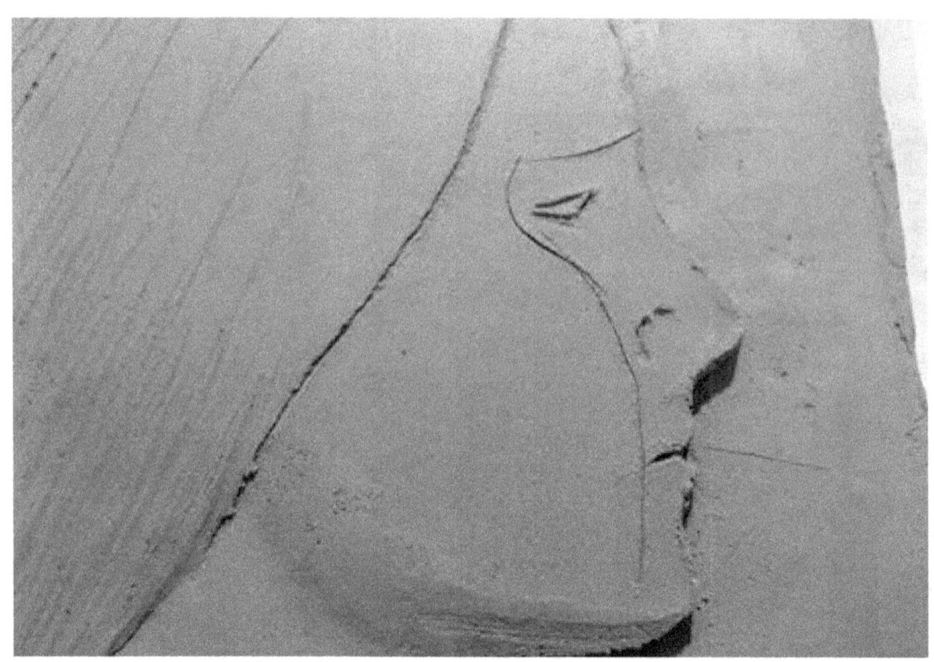

Sur la photo ci-dessus, j'ai tracé une ligne temporaire du sourcil jusqu'au menton pour indiquer que tout ce qui se trouve à droite doit être abrasé en enlevant de l'argile, comme on peut le voir sur les photos suivantes.

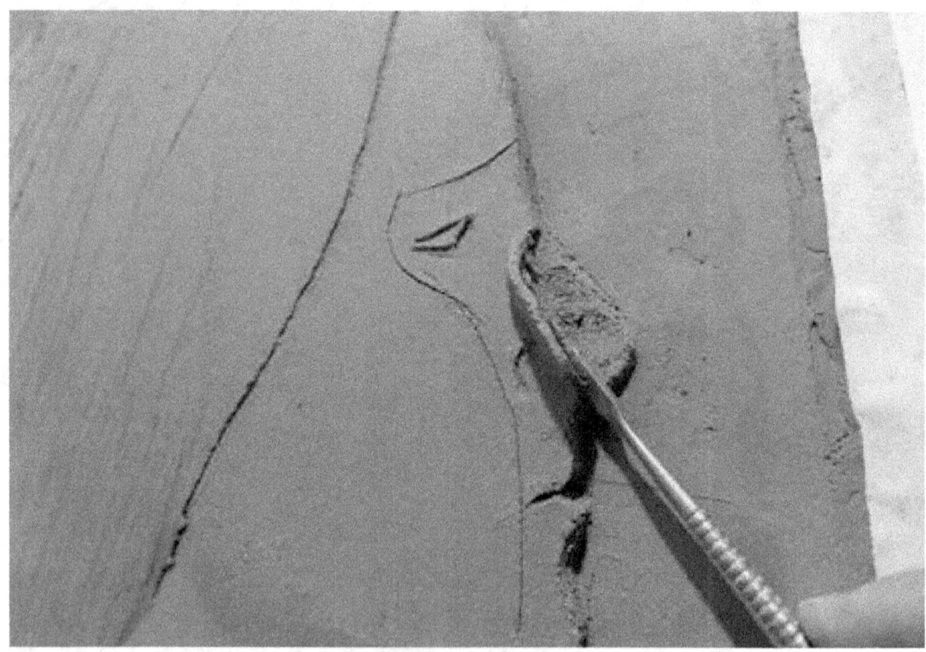

Commencez par enlever l'argile au niveau du nez.

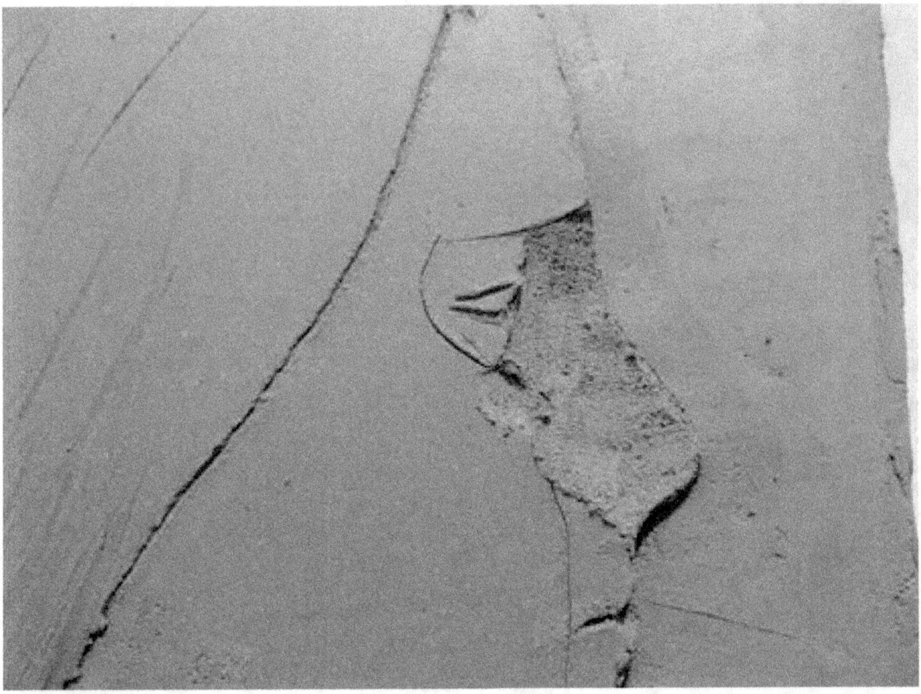

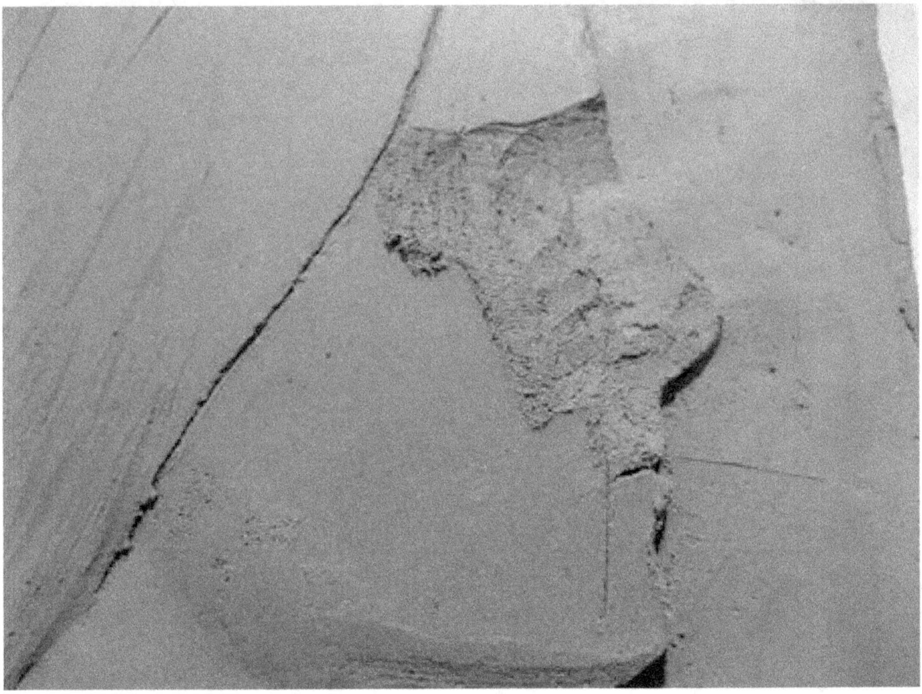

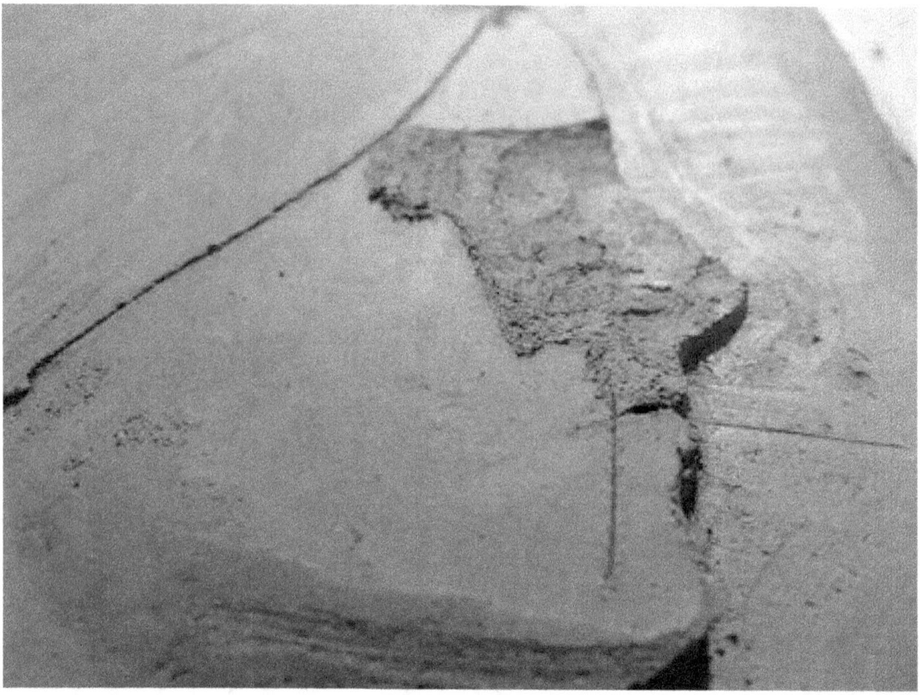

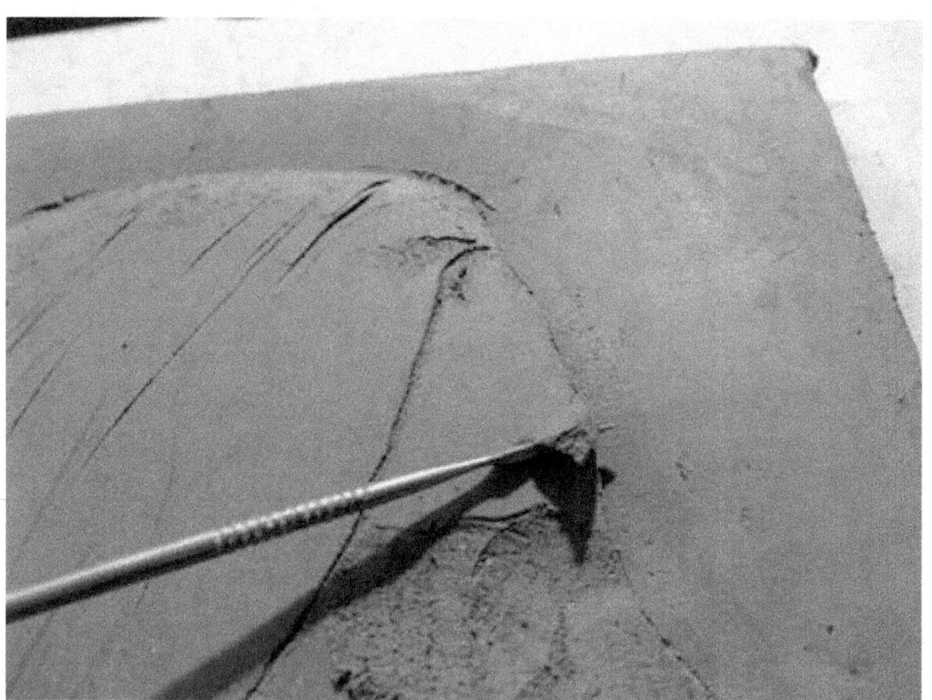

Enlever l'argile au bord du front.

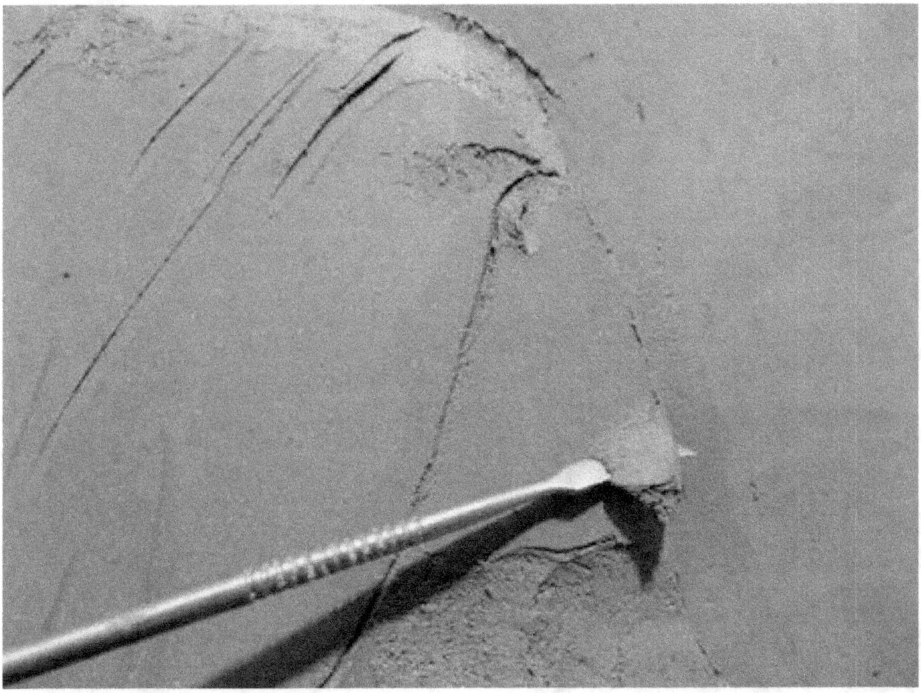

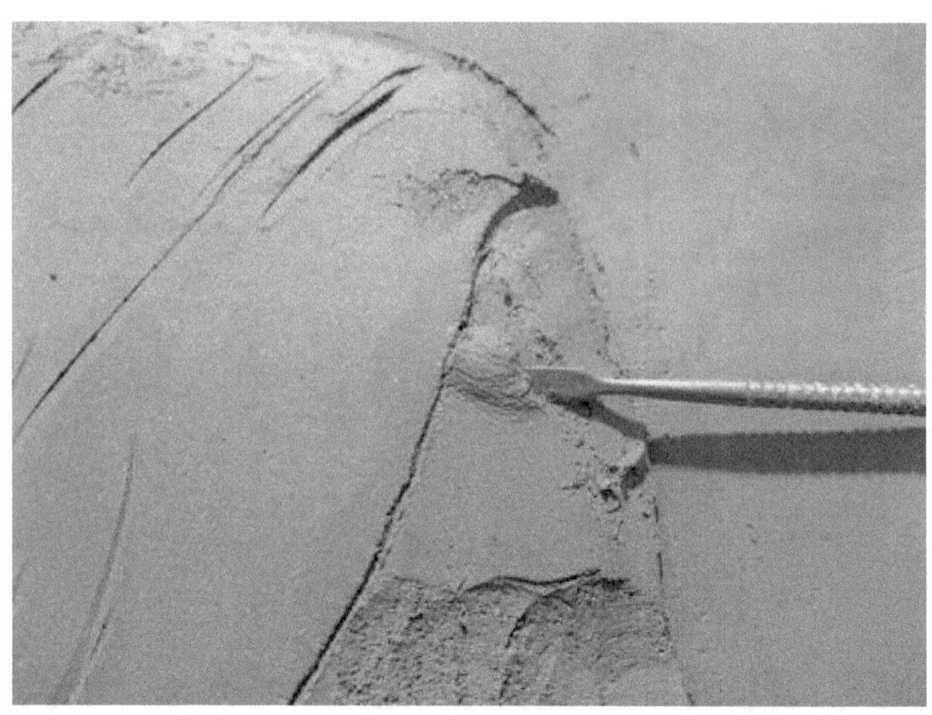

Enlevez également l'argile au niveau de la ligne de démarcation entre les cheveux et le visage : abaissez-la d'environ un millimètre.

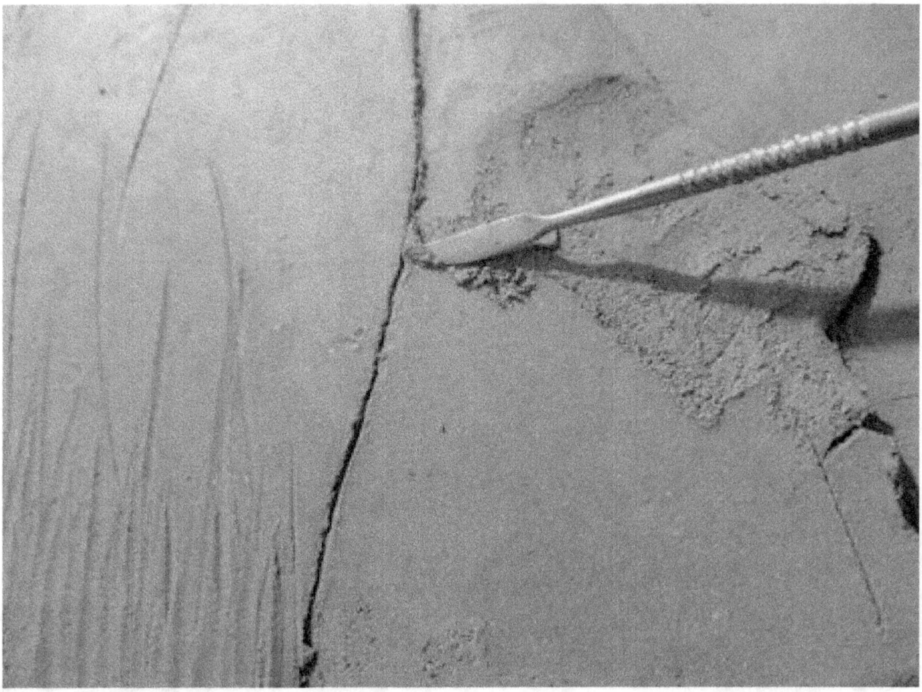

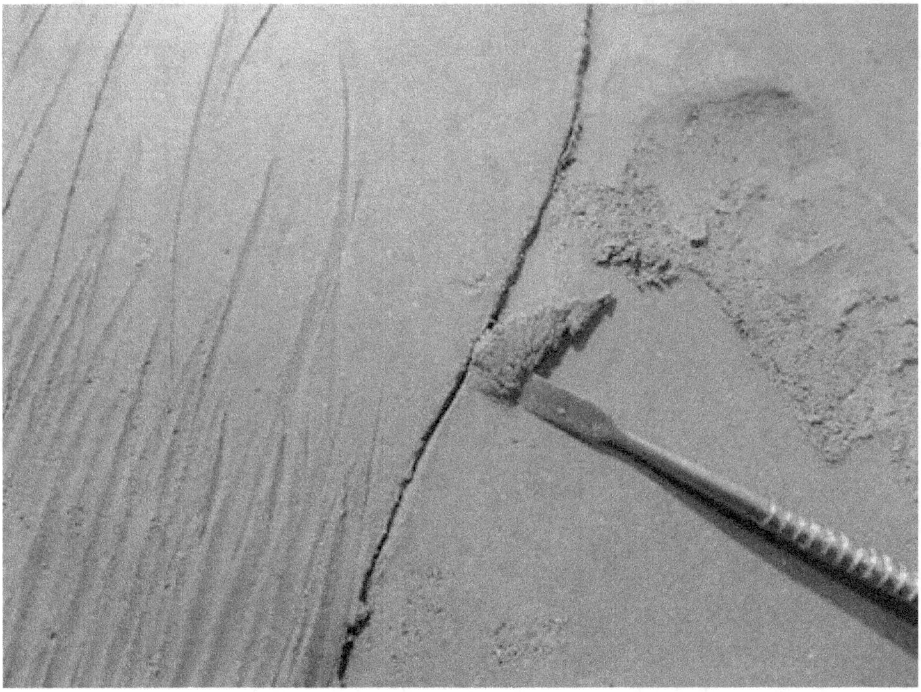

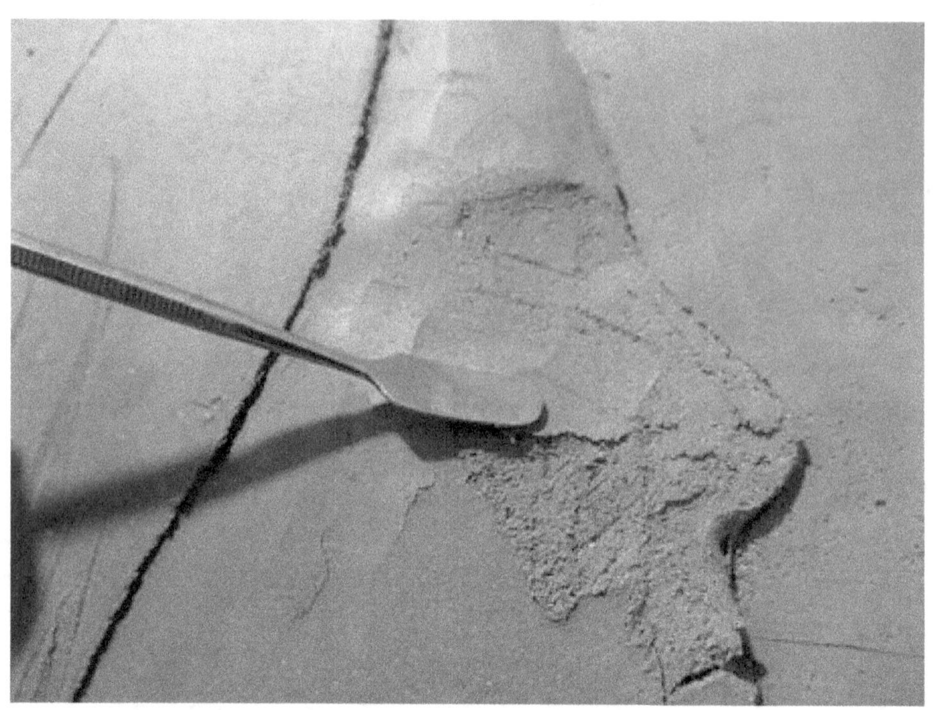

La pommette, en revanche, est l'une des parties les plus hautes de l'ensemble du portrait.

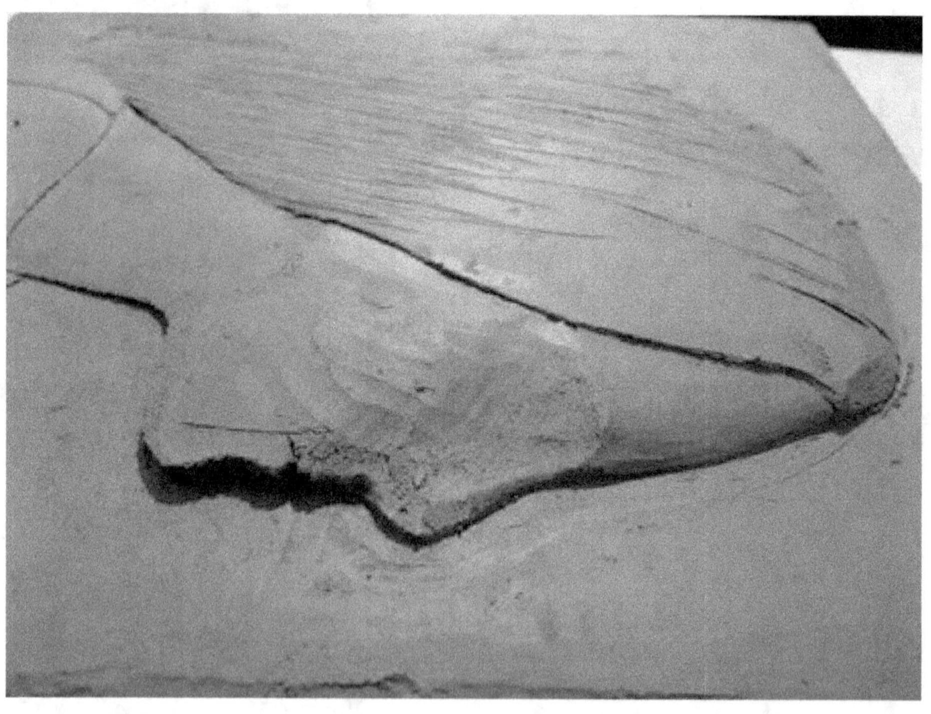

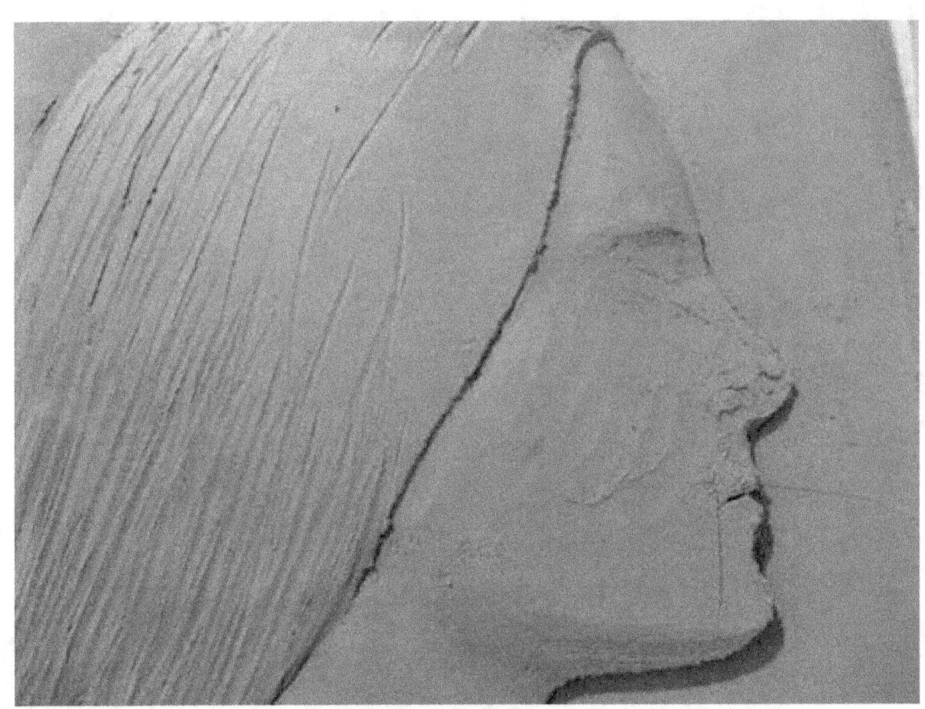

À ce stade, le front, les sourcils et les pommettes sont esquissés.

Nous passons maintenant au modelage du menton et de la bouche, comme le montrent les photos suivantes.

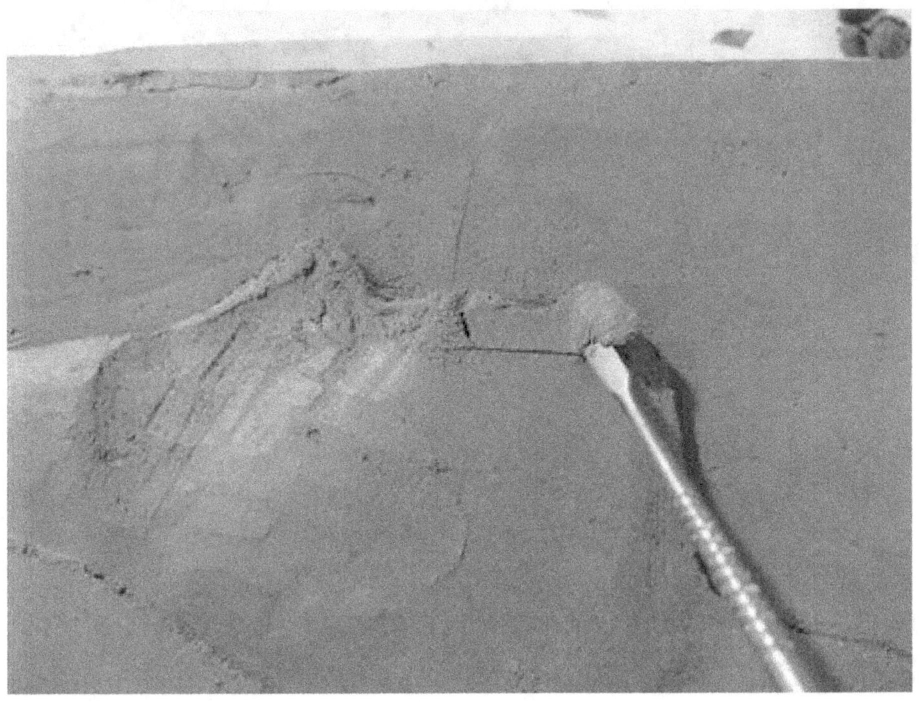

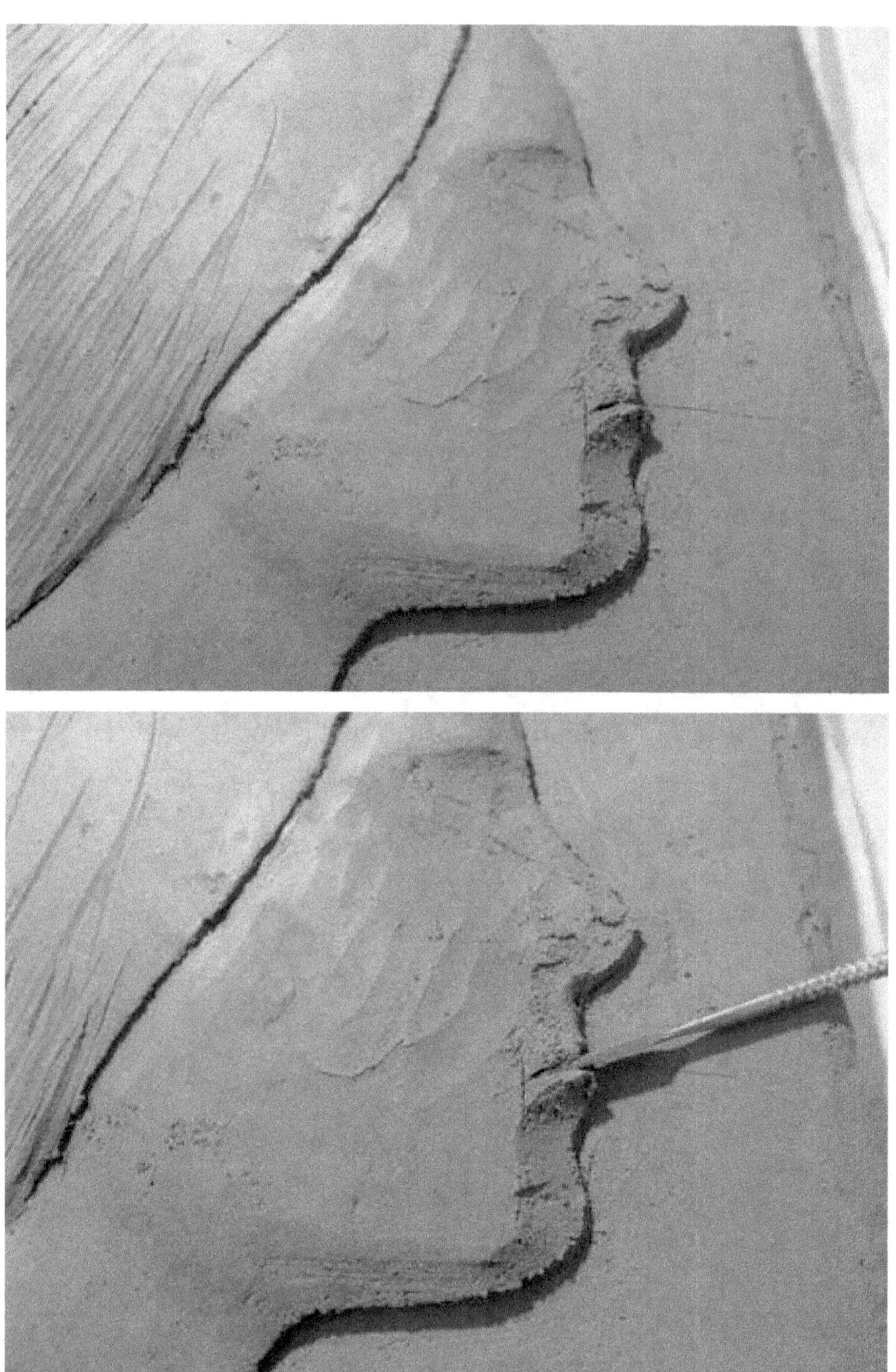

Avant d'aborder les détails de la bouche, vérifions sa taille correcte à l'aide du compas, en comparant les mesures observées sur la photo avec celles de l'argile.

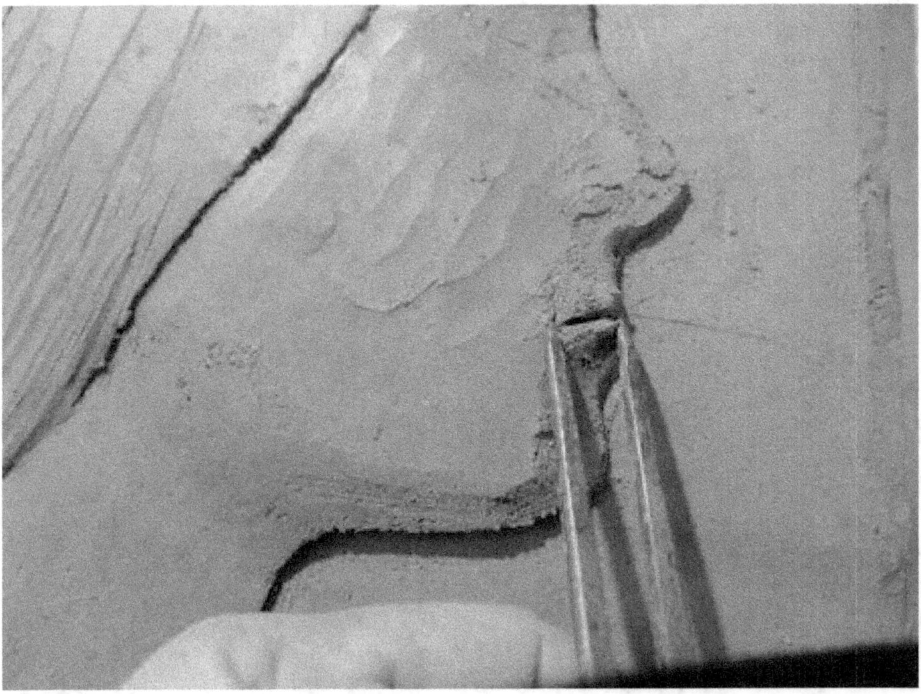

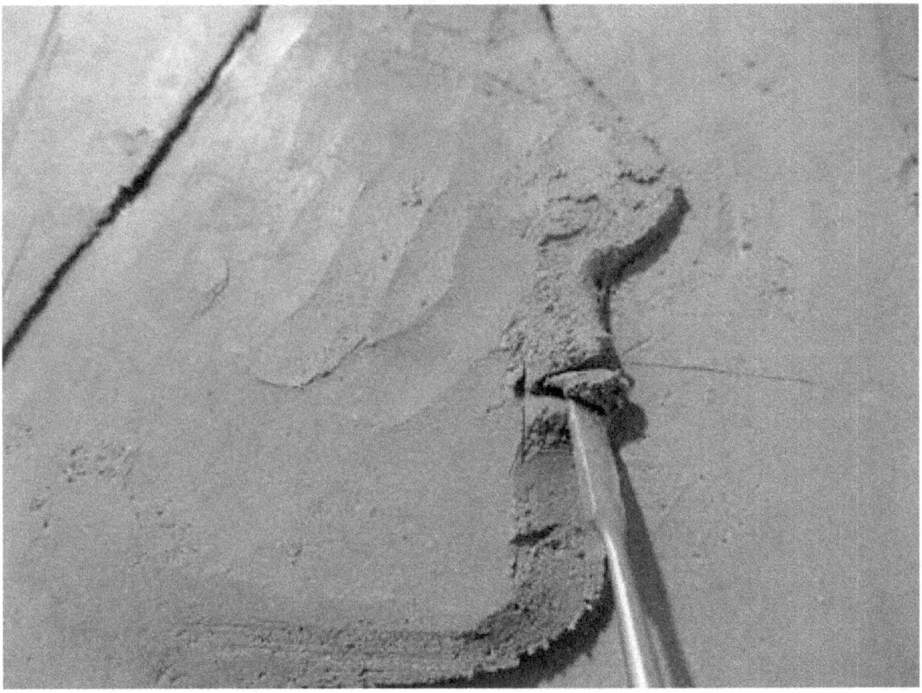

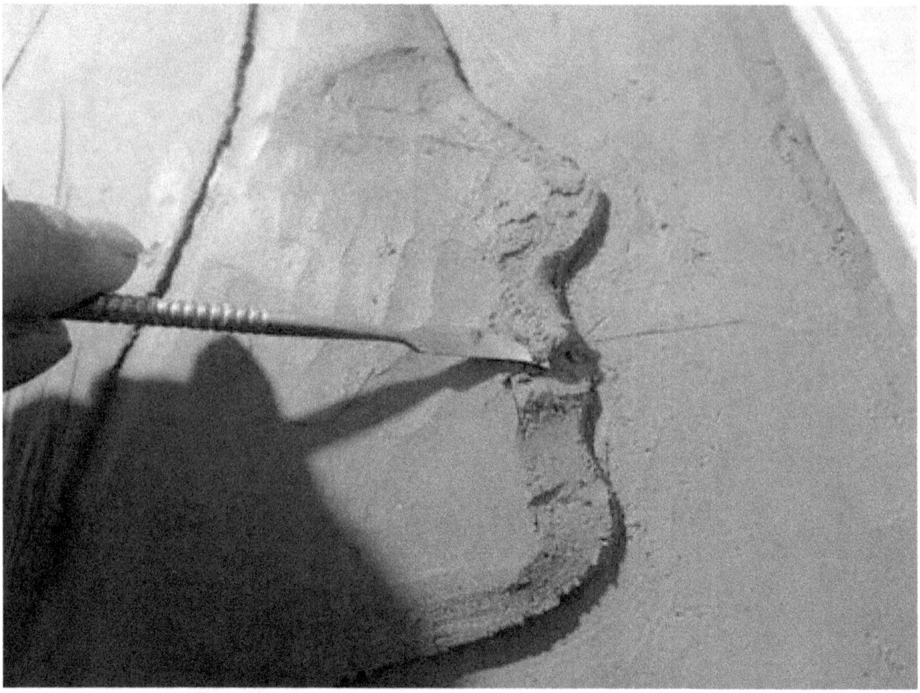

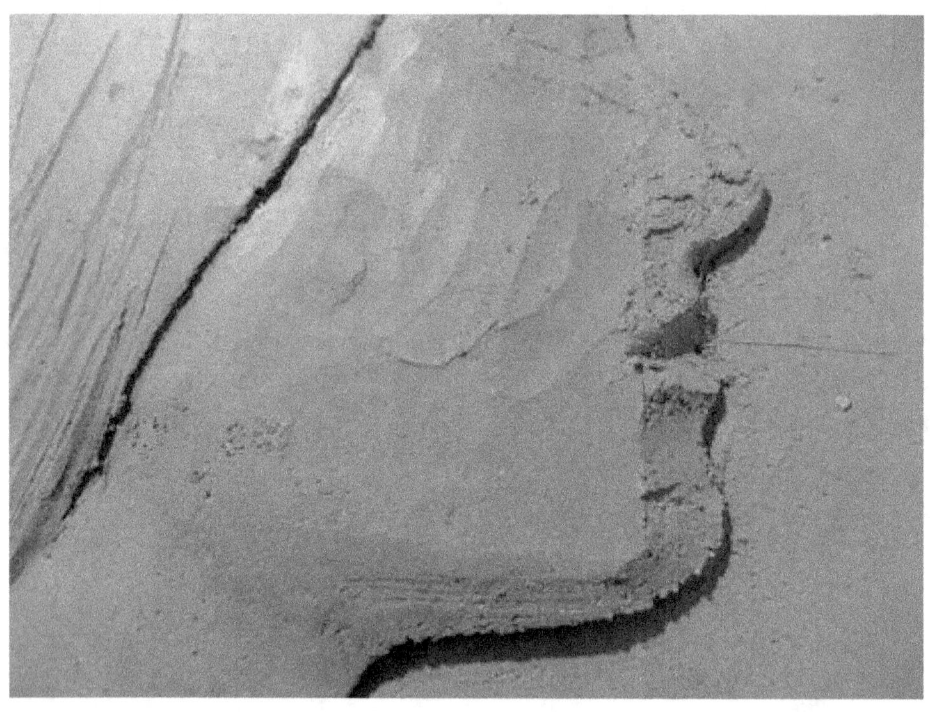

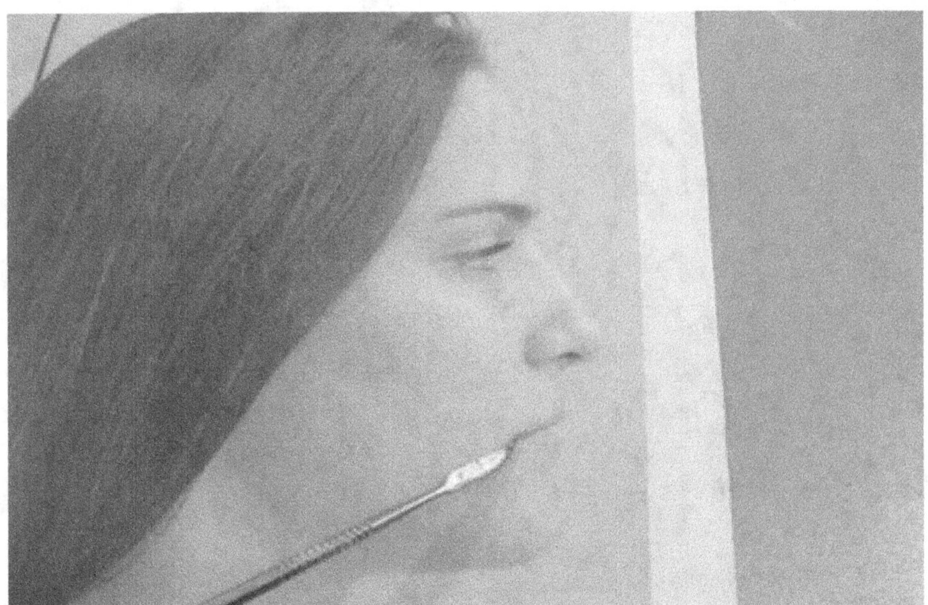

Sur l'image ci-dessus, la spatule indique un point de jonction entre la lèvre supérieure et la lèvre inférieure. Il y a toujours une dépression à cet endroit, qui est différente selon l'âge et le sexe du sujet.

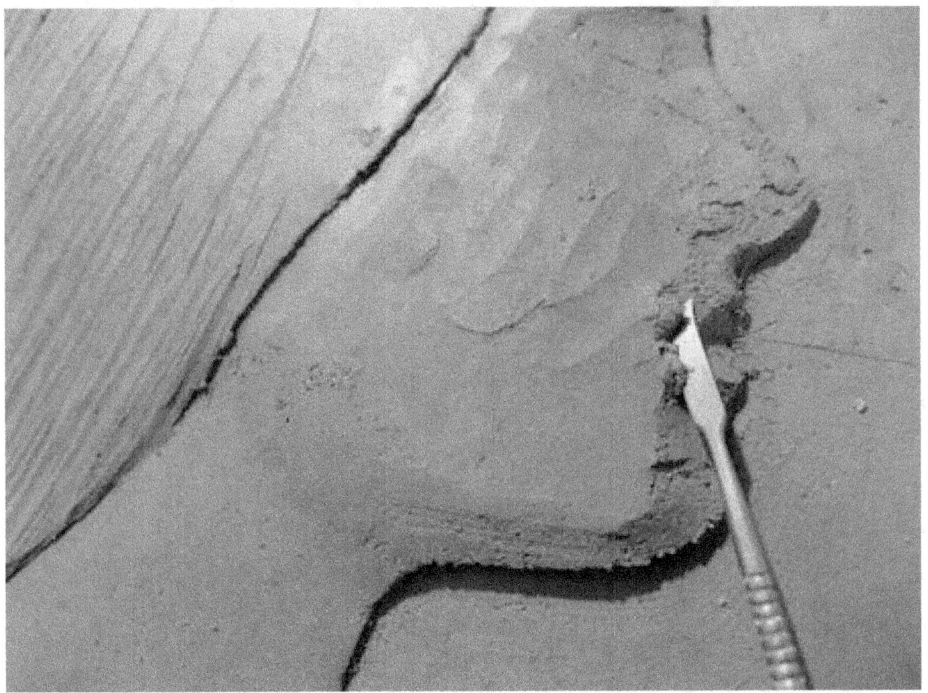

Enlever un peu d'argile à la jonction des lèvres.

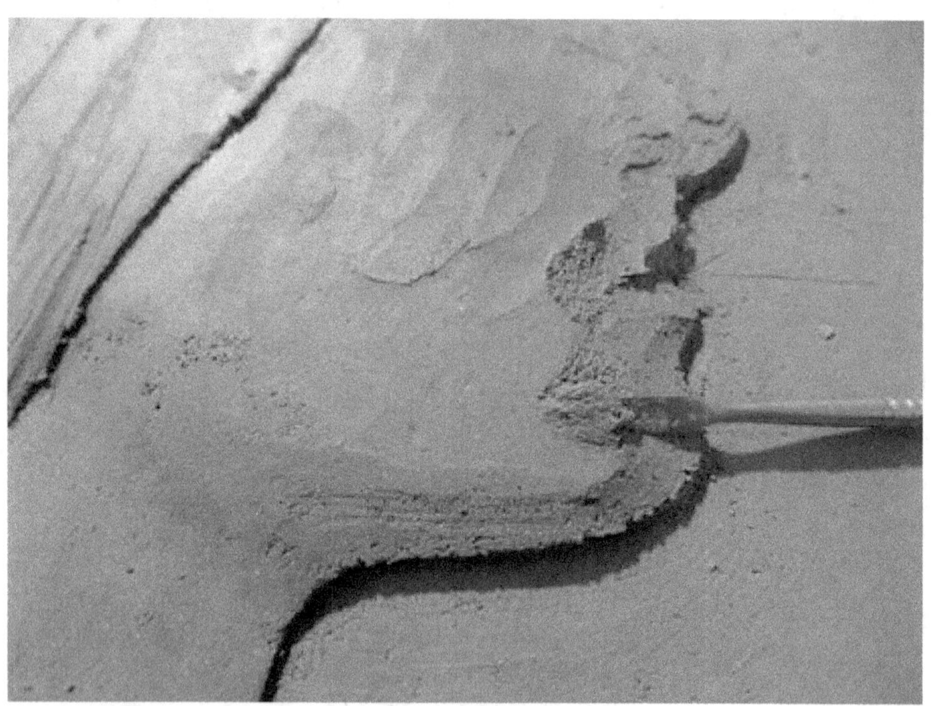

Retirer un peu d'argile du contour des lèvres.

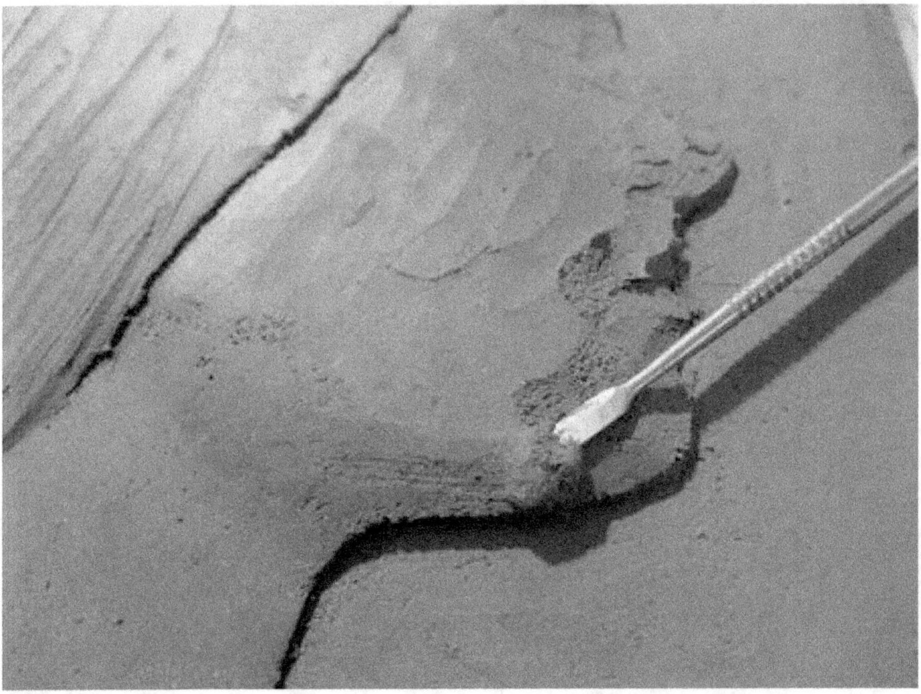

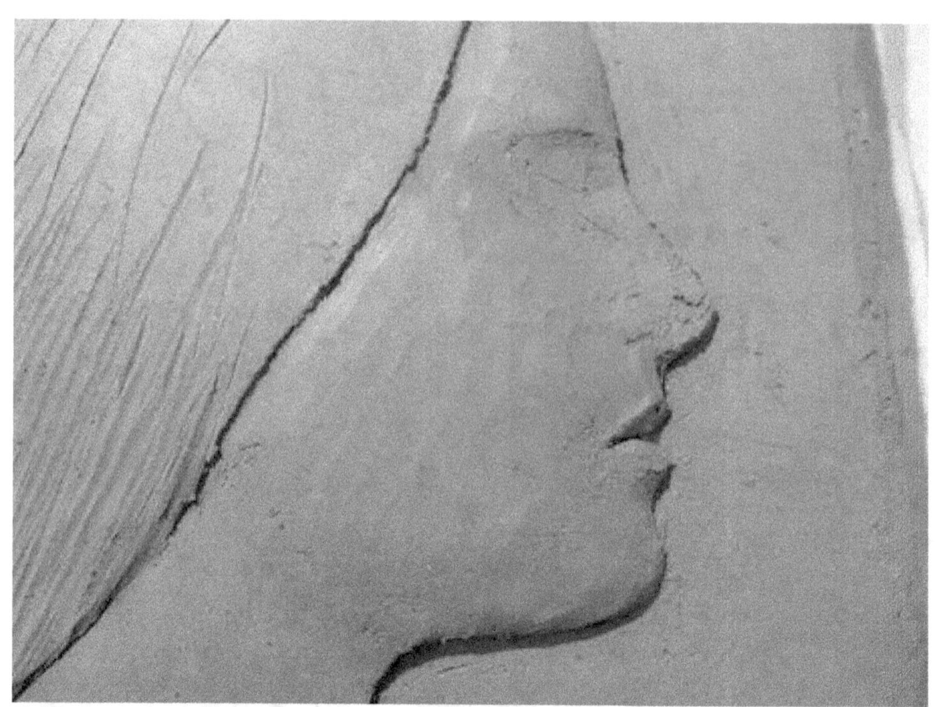

Définir plus précisément les lèvres.  Pour ce faire, comparez les lèvres de la photo avec celles que vous modelez.

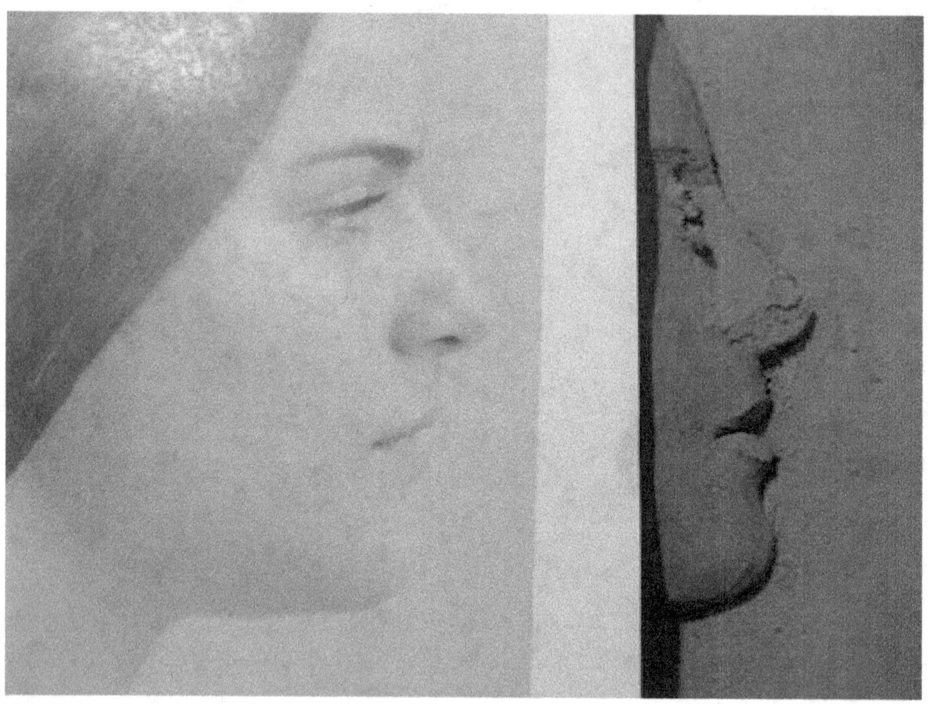

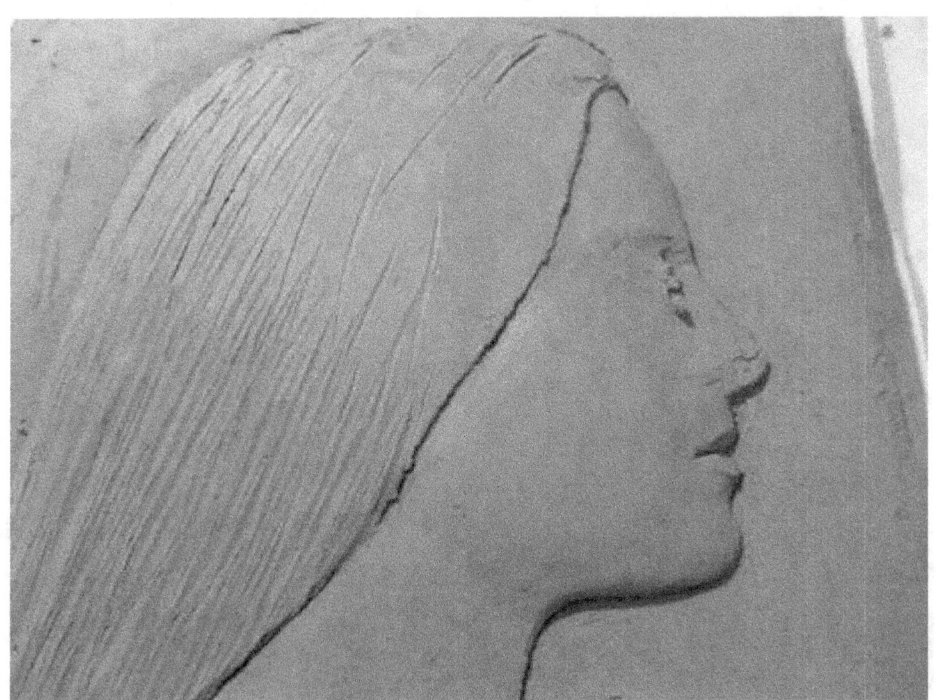

À ce stade du travail, les joues, le menton, les pommettes et le front ont presque atteint leur forme définitive.

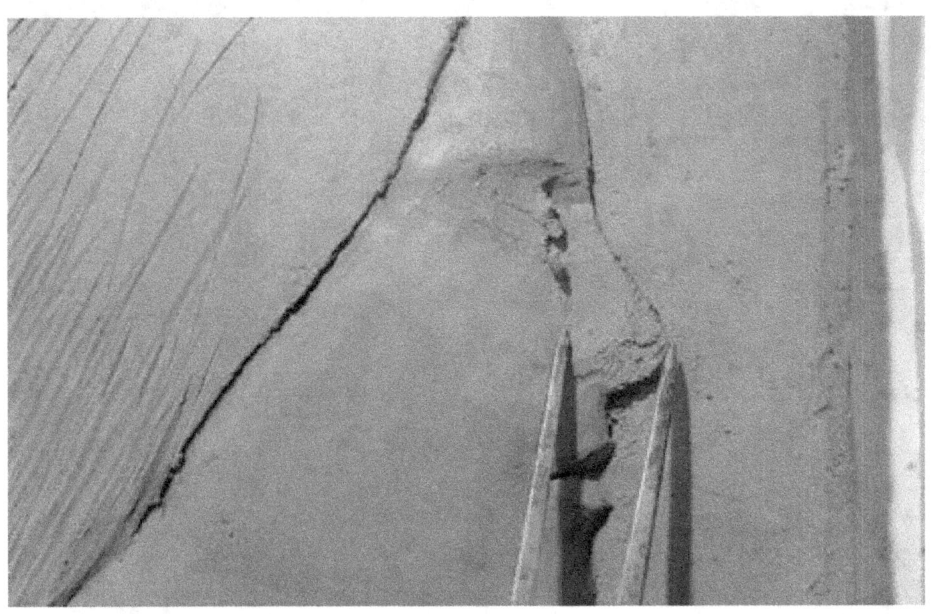

Passons au modelage du nez. Avant de mettre la main à la spatule, vérifiez la bonne taille et la bonne position par rapport aux autres éléments anatomiques à l'aide du compas.

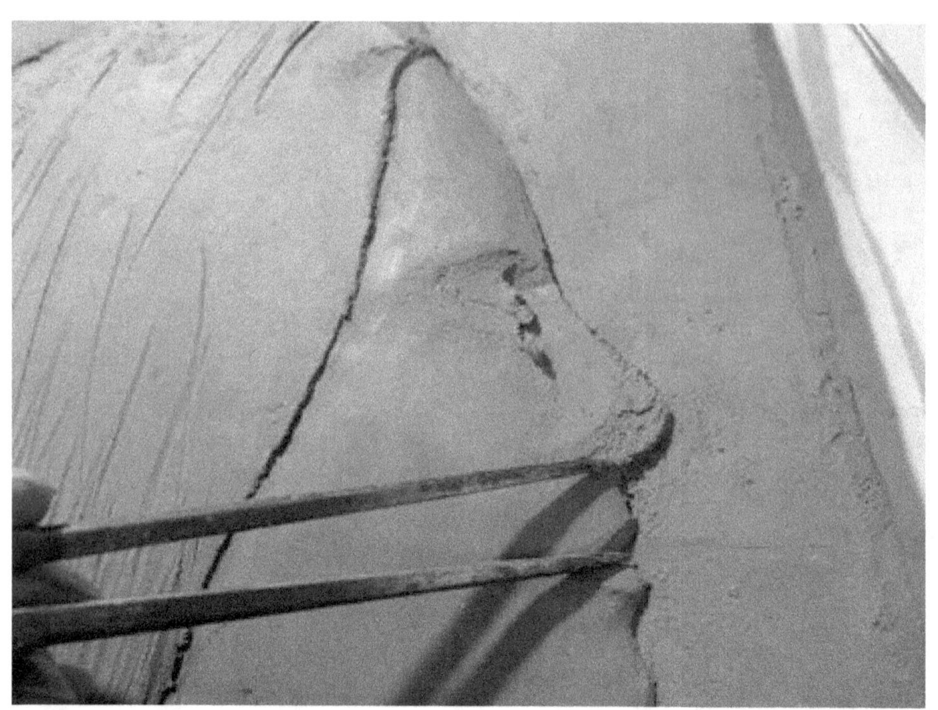

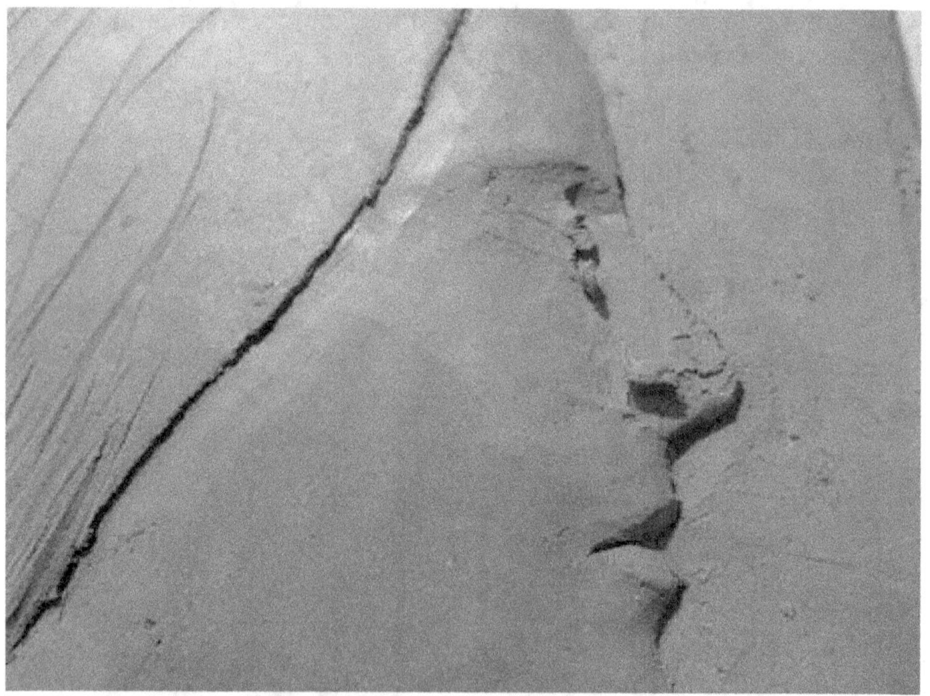

Le nez est l'une des parties les plus basses de l'ensemble du portrait, tandis que la narine sera environ un millimètre plus haute que le nez. Suivez les photos ci-dessous.

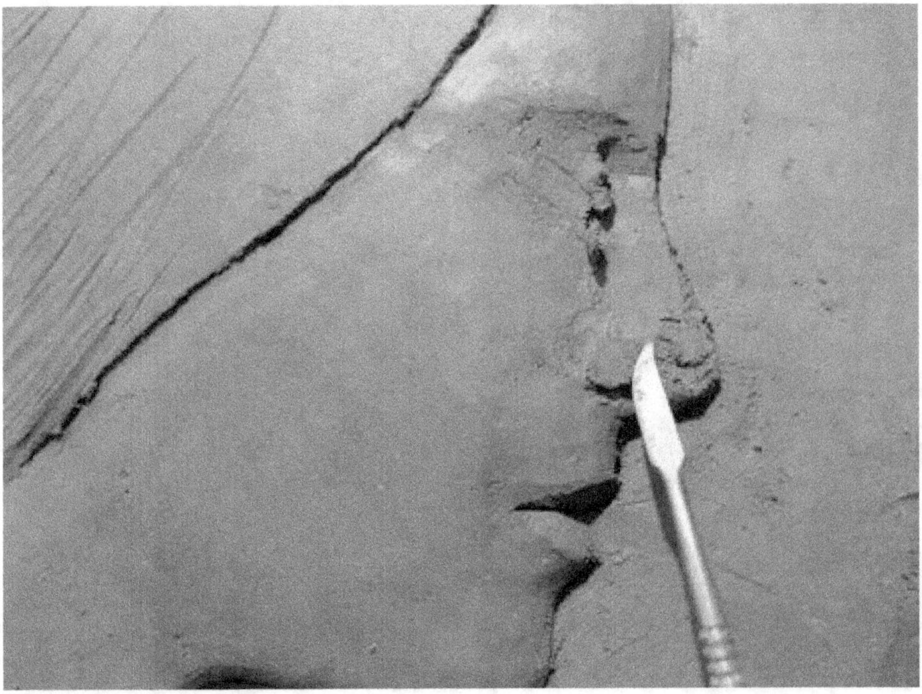

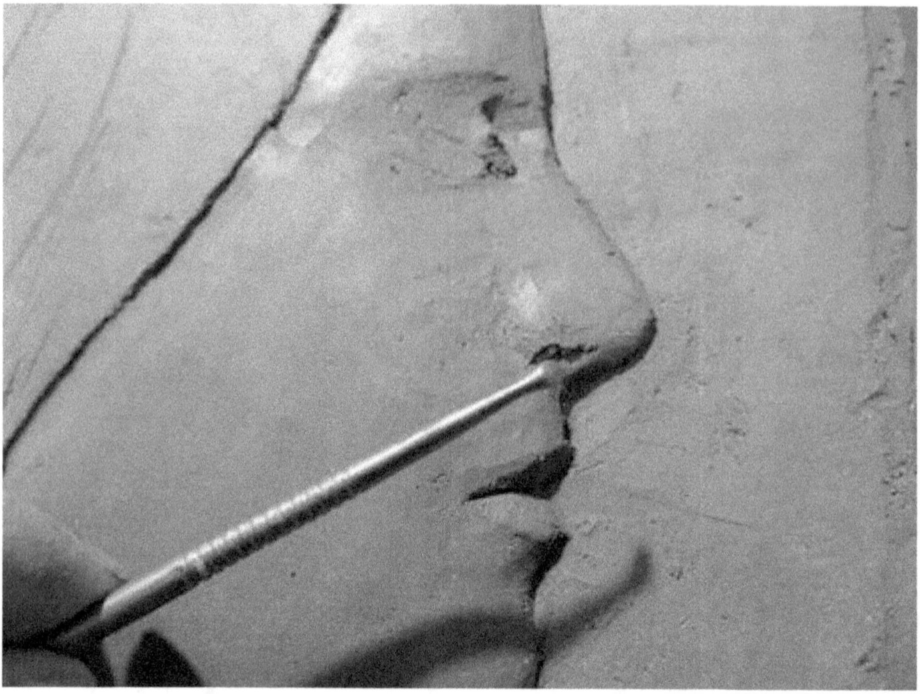

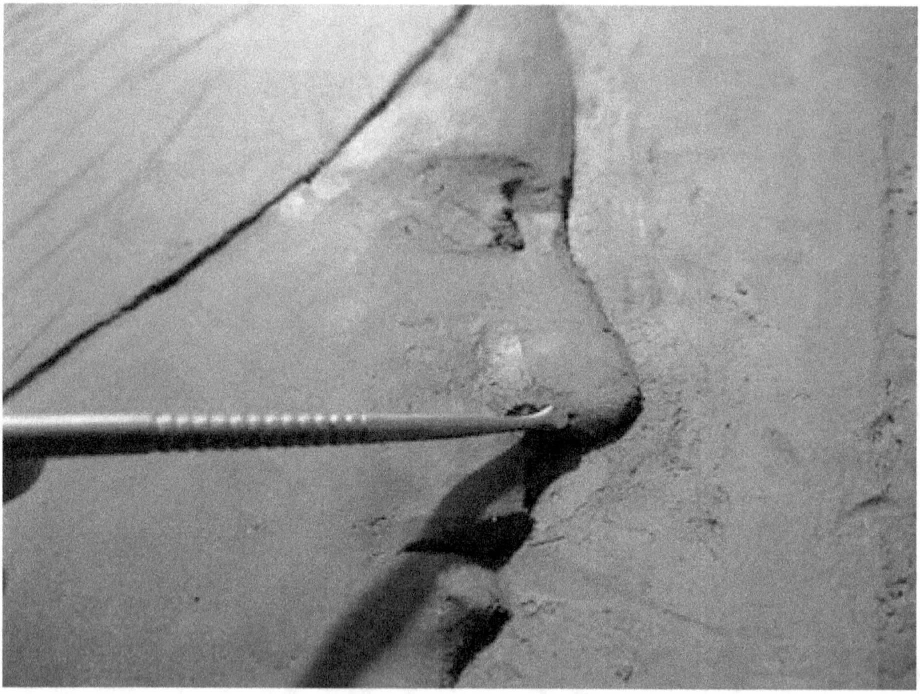

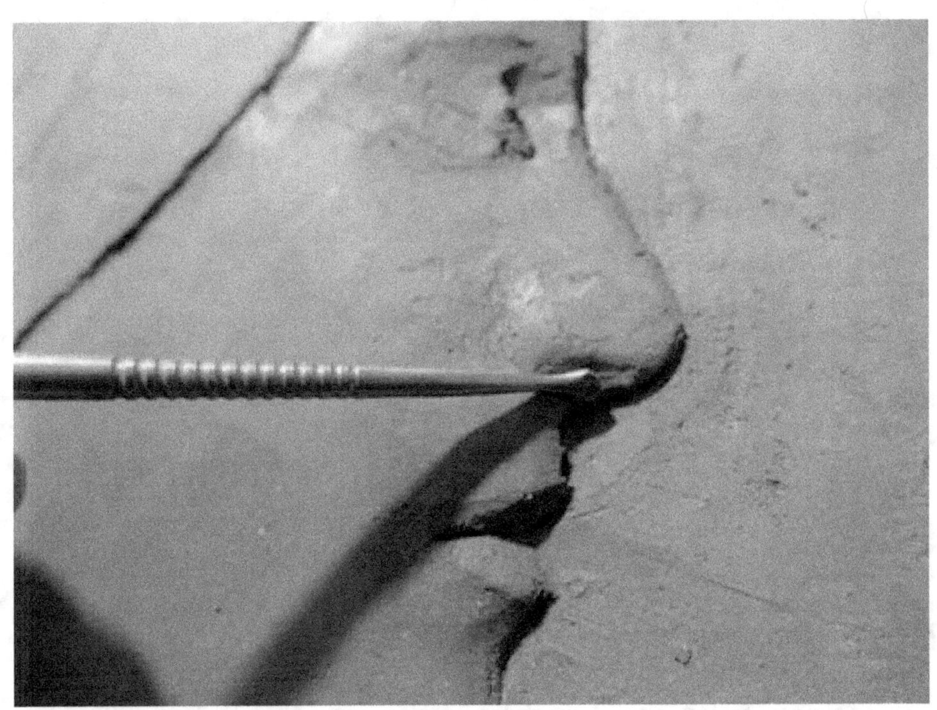

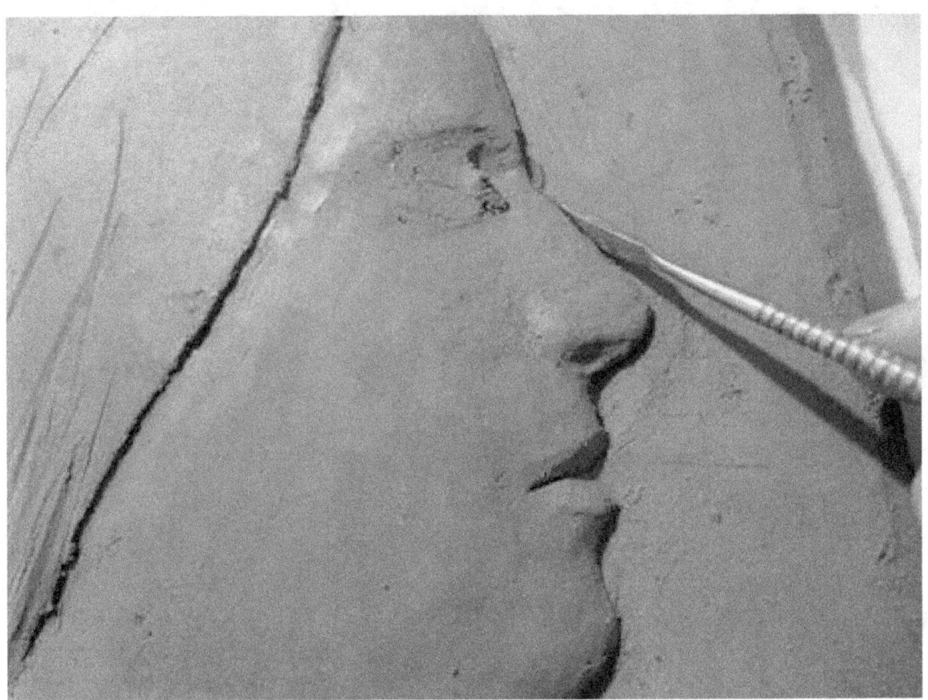

Bien définir les contours du nez.

Comme pour la bouche, comparez le nez nouvellement modelé avec la photo pour obtenir une ressemblance maximale. Faites attention au profil du nez ; en effet, dans le portrait de profil, cet aspect est décisif.

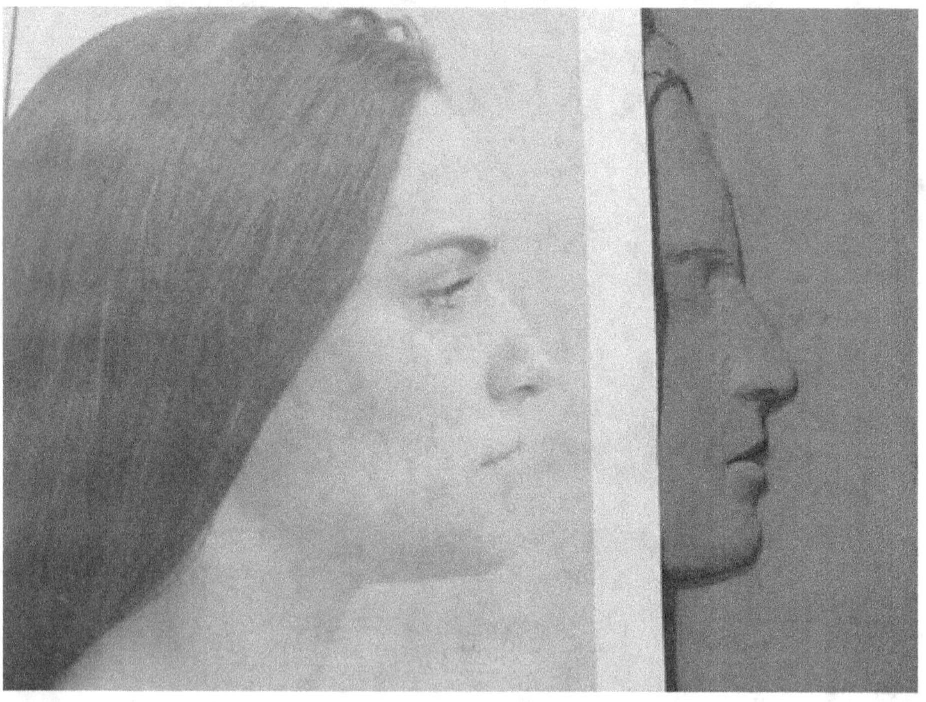

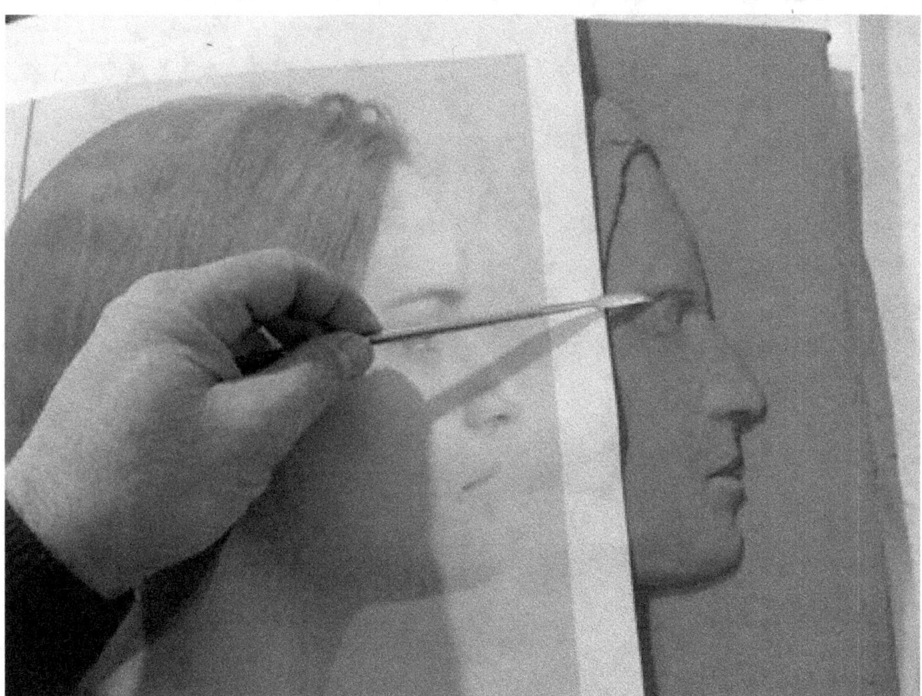

Nous passons maintenant à la modélisation de l'œil.

À l'endroit indiqué par la spatule, le sourcil présente un bourrelet, présent sur tous les visages jeunes et féminins.

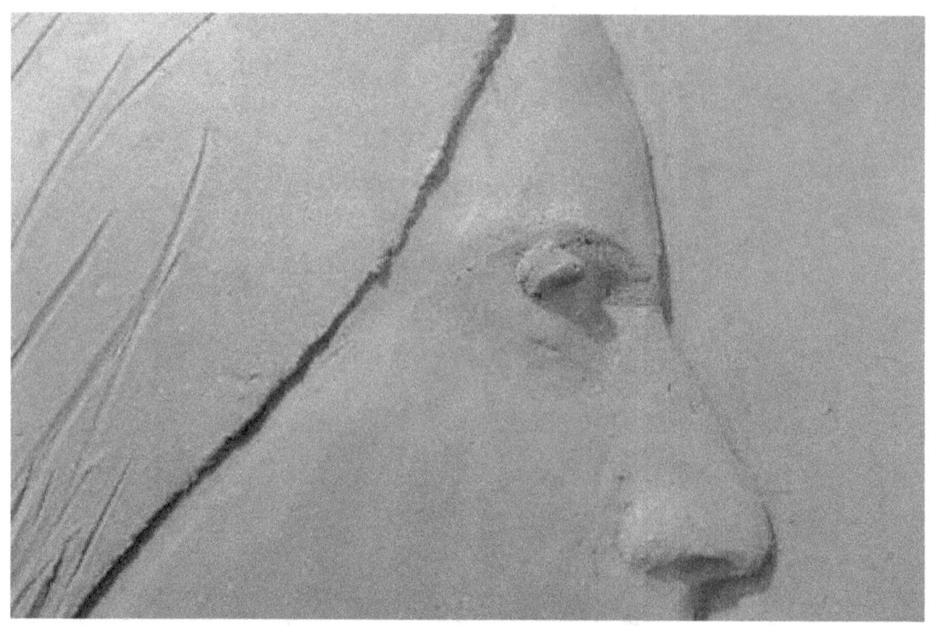

Nous ajoutons un peu d'argile et l'étalons pour former le bourrelet. Voir les photos ci-dessous.

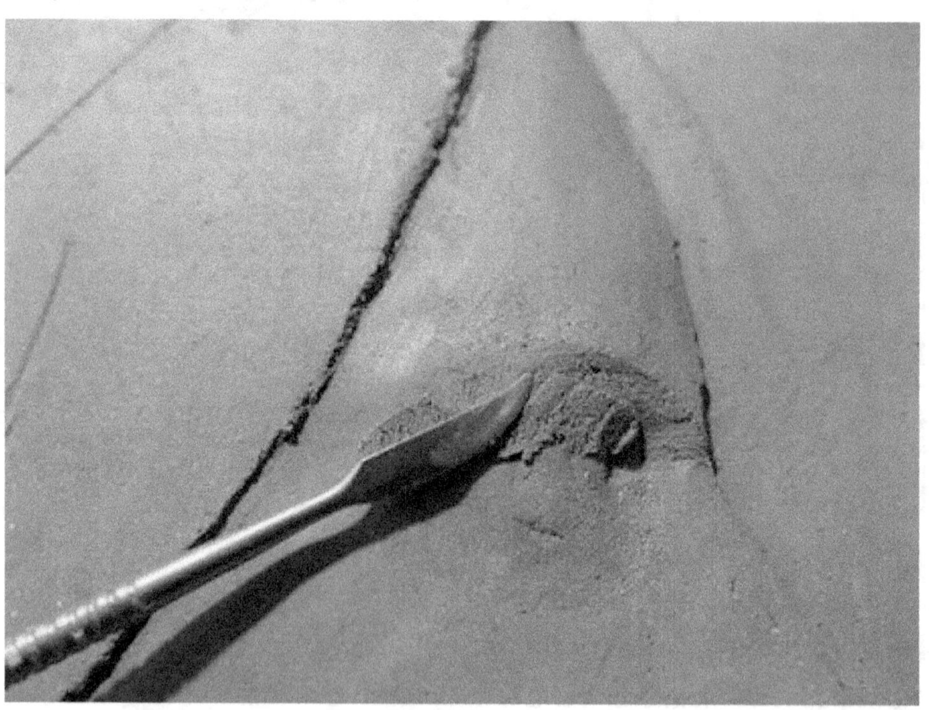

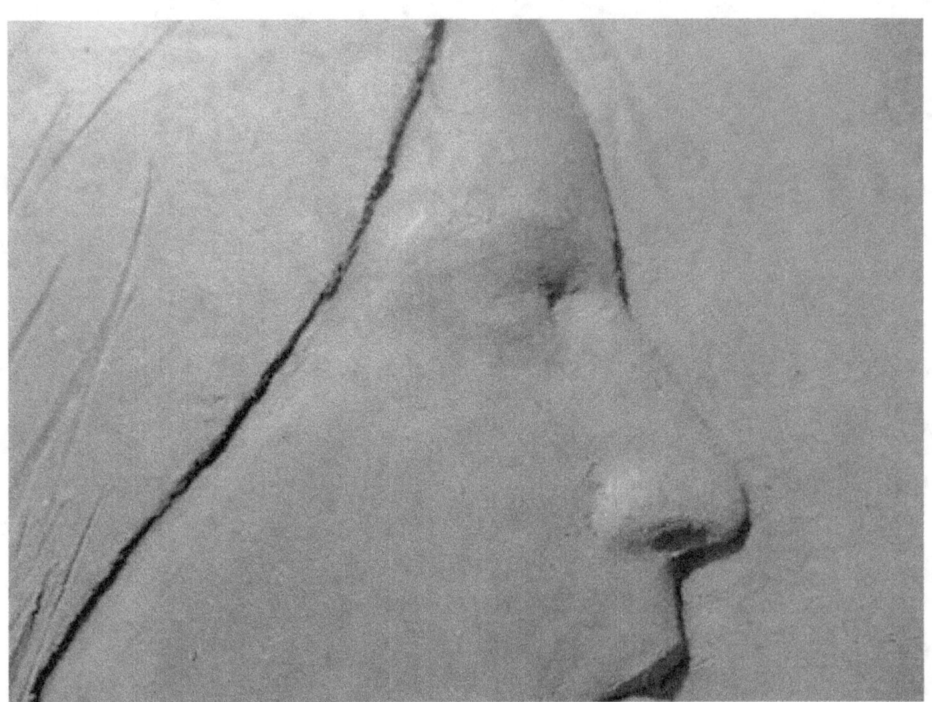

Ci-dessus, vous pouvez voir le sourcil et la masse oculaire prêts à être moulés pour former l'œil.

Mesurez et vérifiez à nouveau la taille et la position correctes de l'œil par rapport aux éléments du visage.

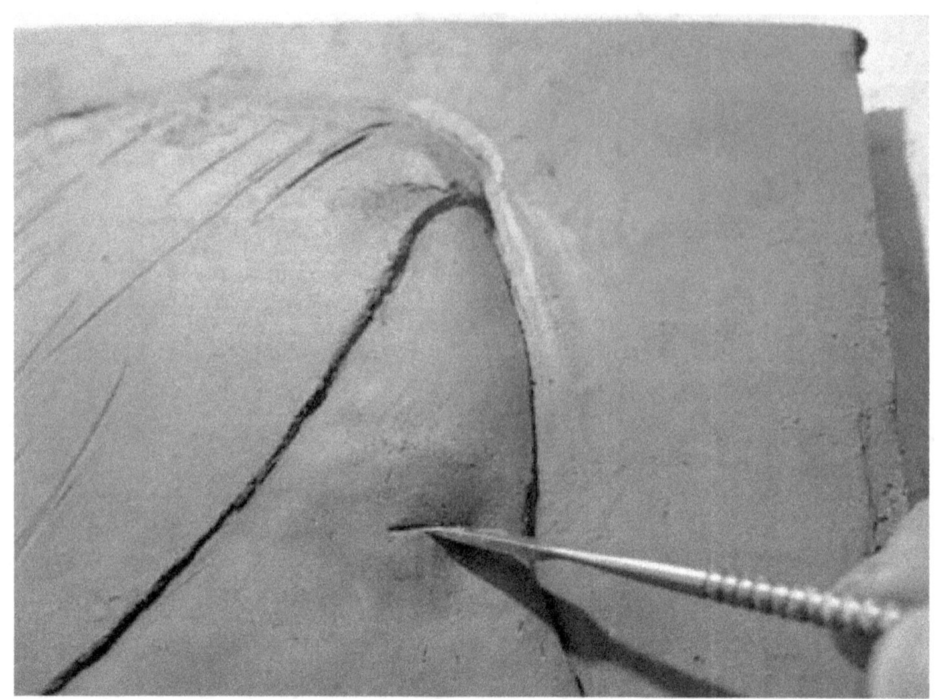

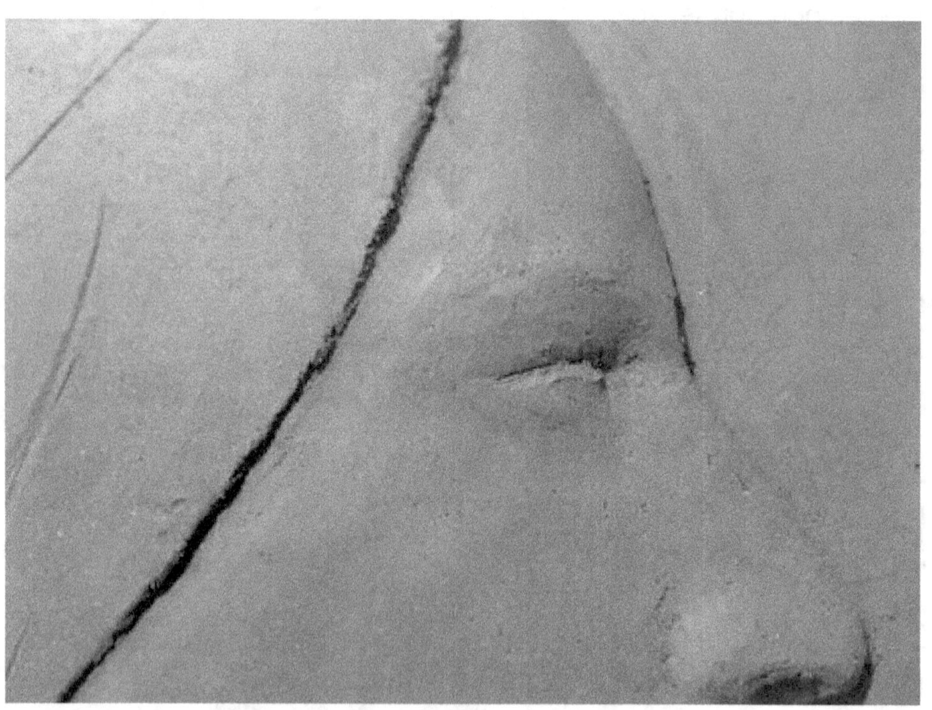

Avec la spatule, commencer à former le bord supérieur.

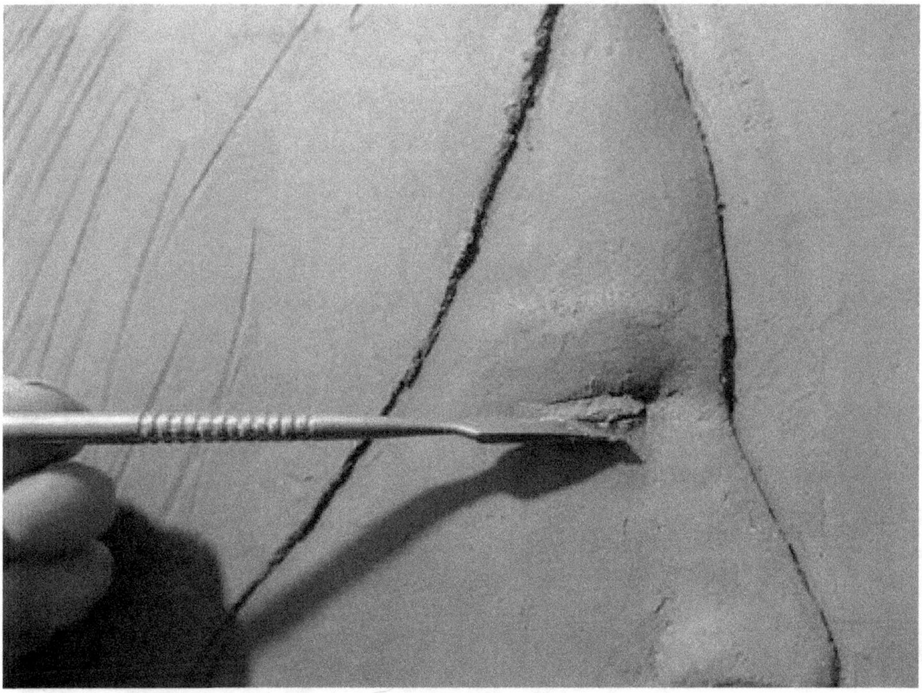

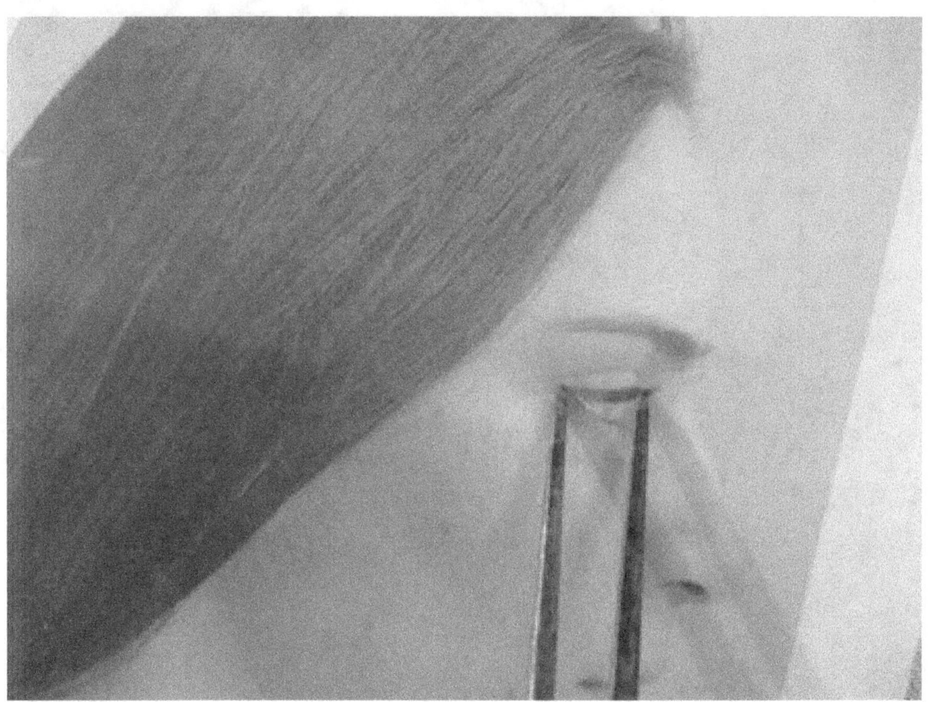

Comparez les dimensions de la photo et de votre sculpture.

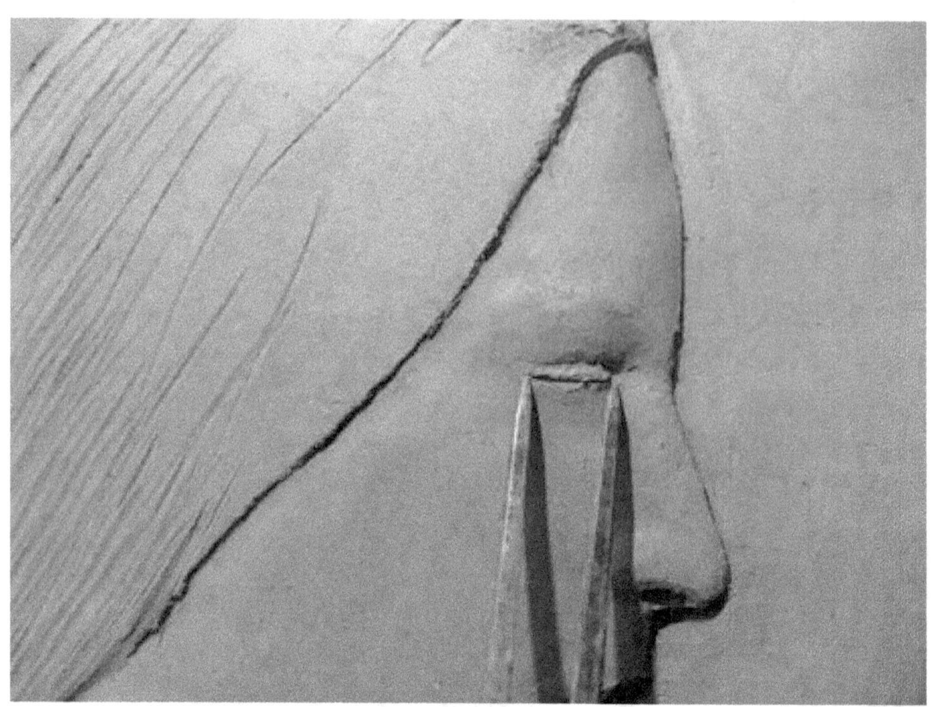

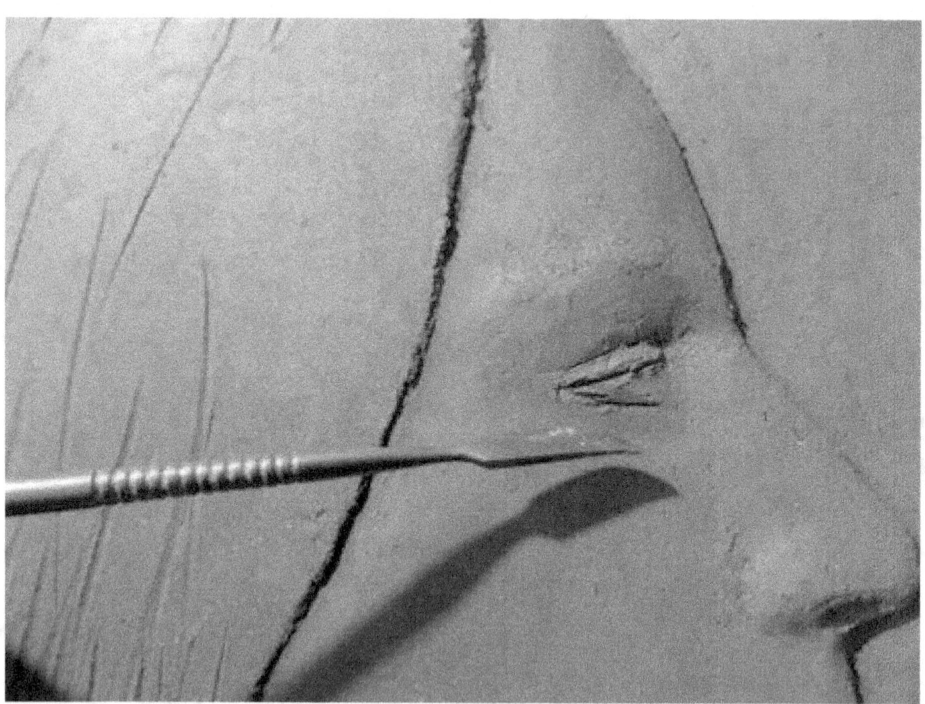

Commencez maintenant à former l'œil entier en faisant une coupe qui coïncide avec le cil inférieur.

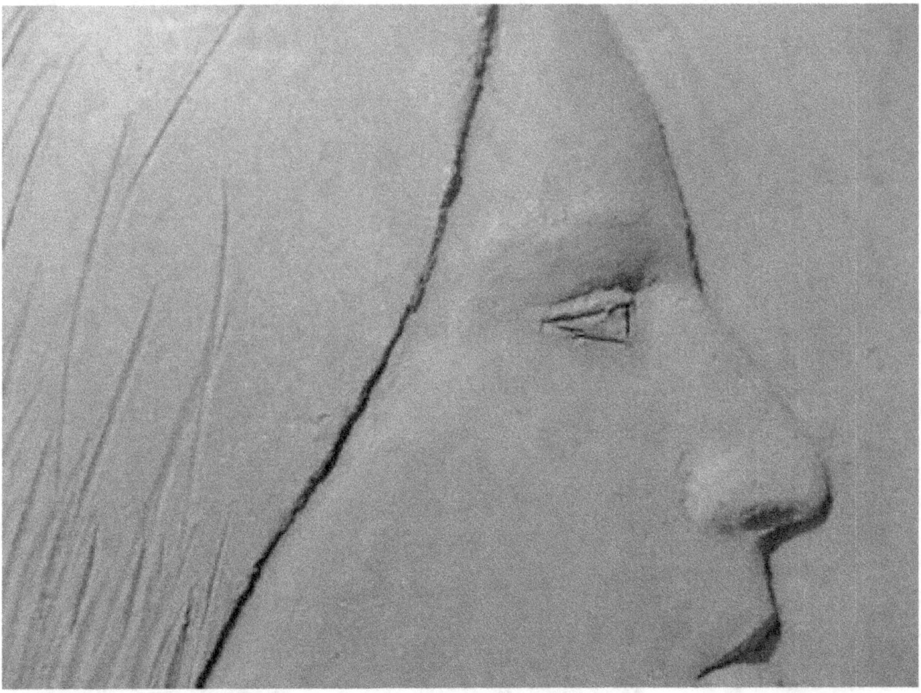

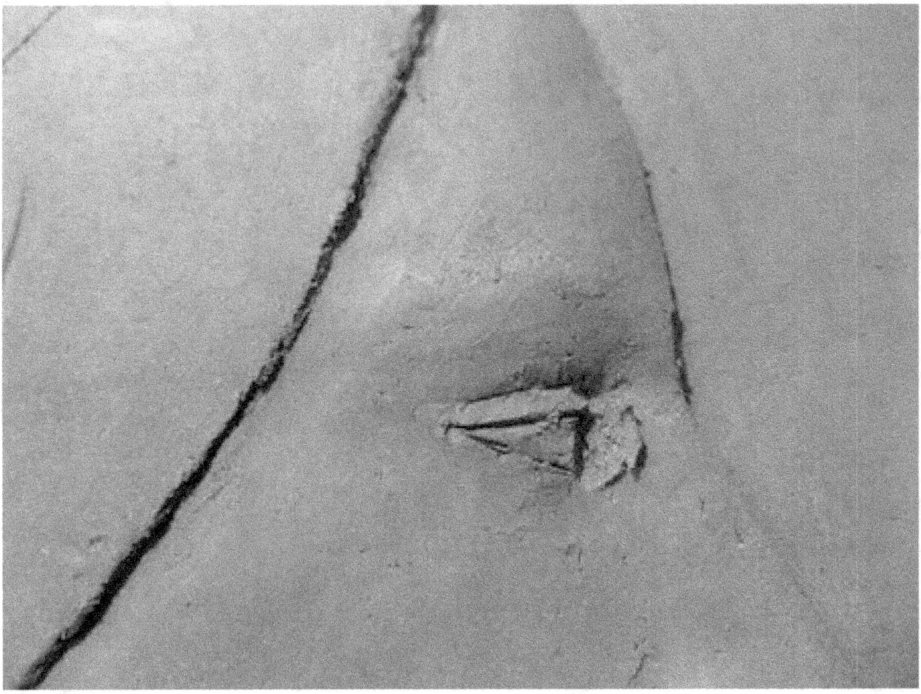

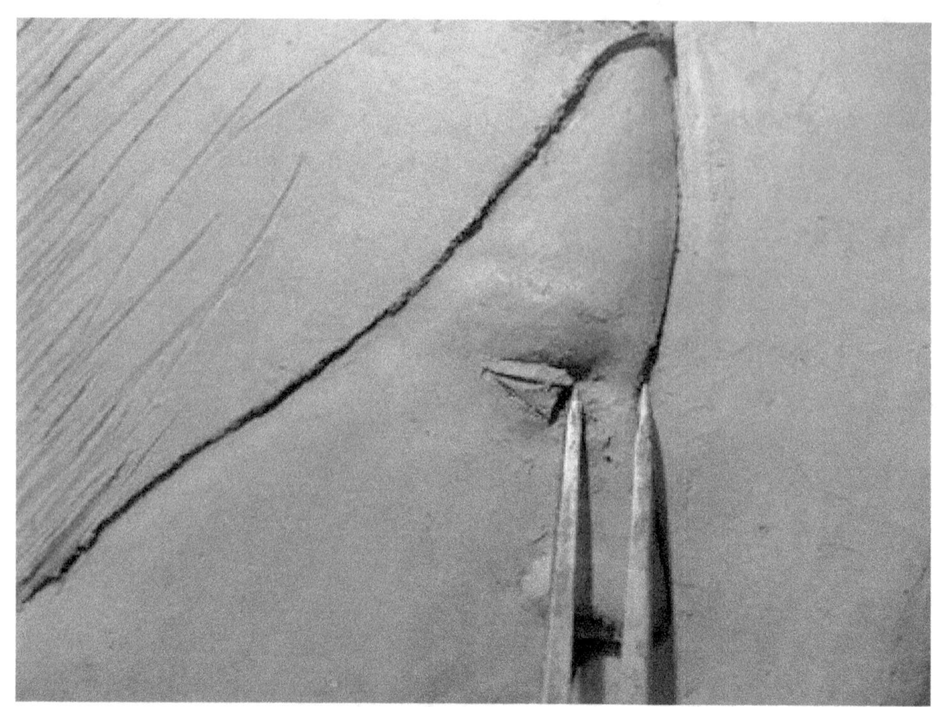

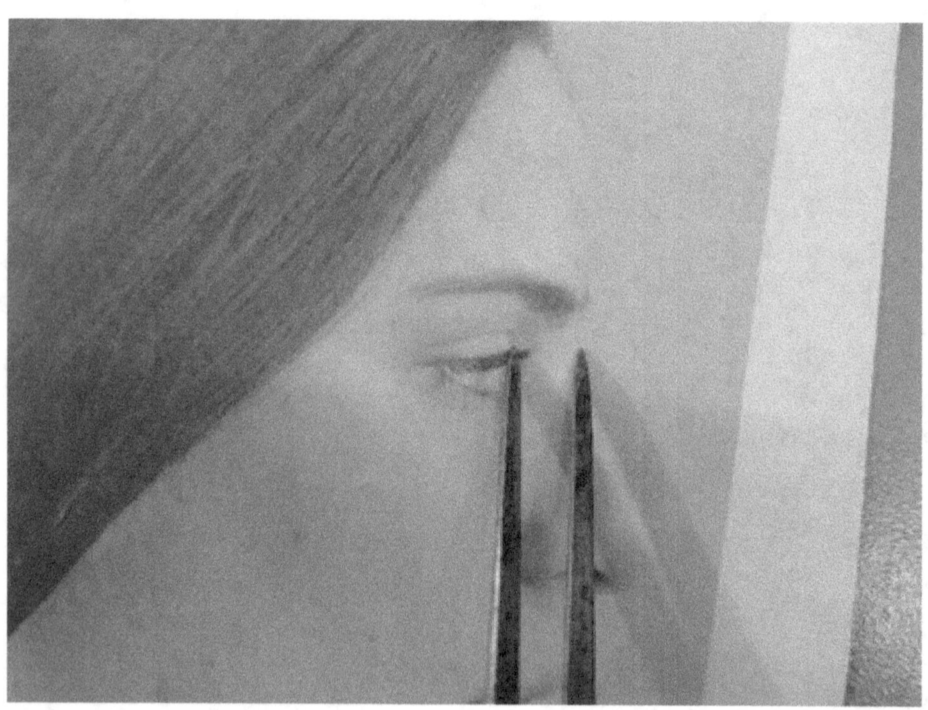

Comparez à nouveau la taille et la position correctes de l'œil.

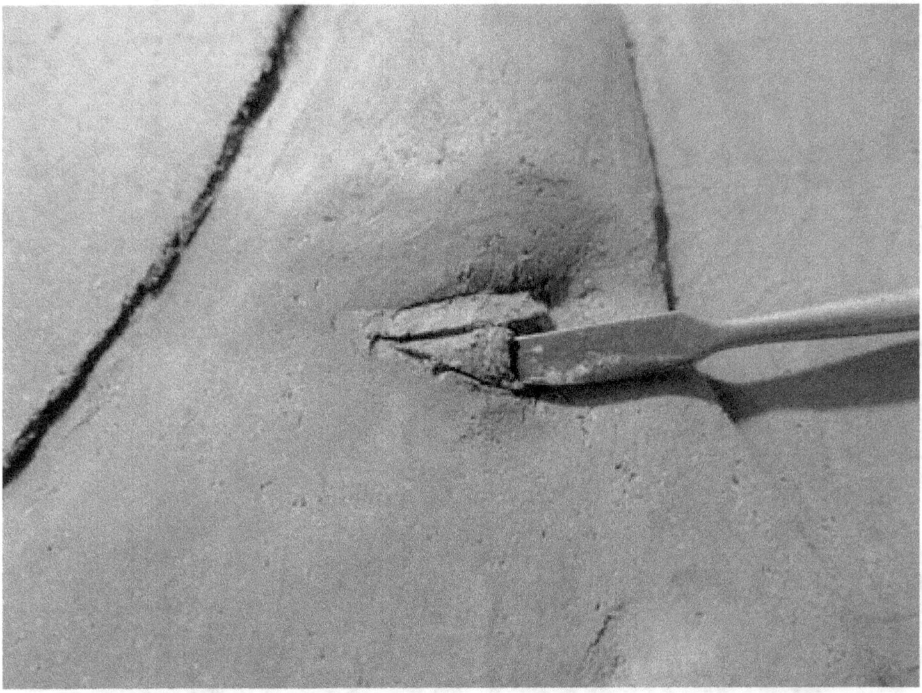

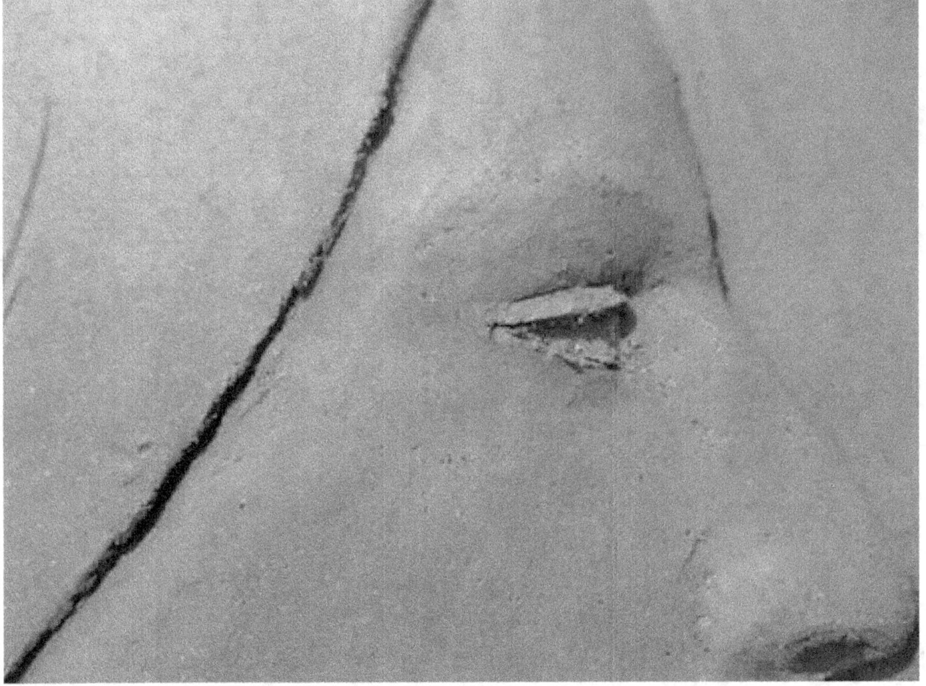

Enlever une couche d'argile entre la coupe des cils supérieurs et inférieurs sur une profondeur d'environ un millimètre, formant ainsi le creux de l'œil.

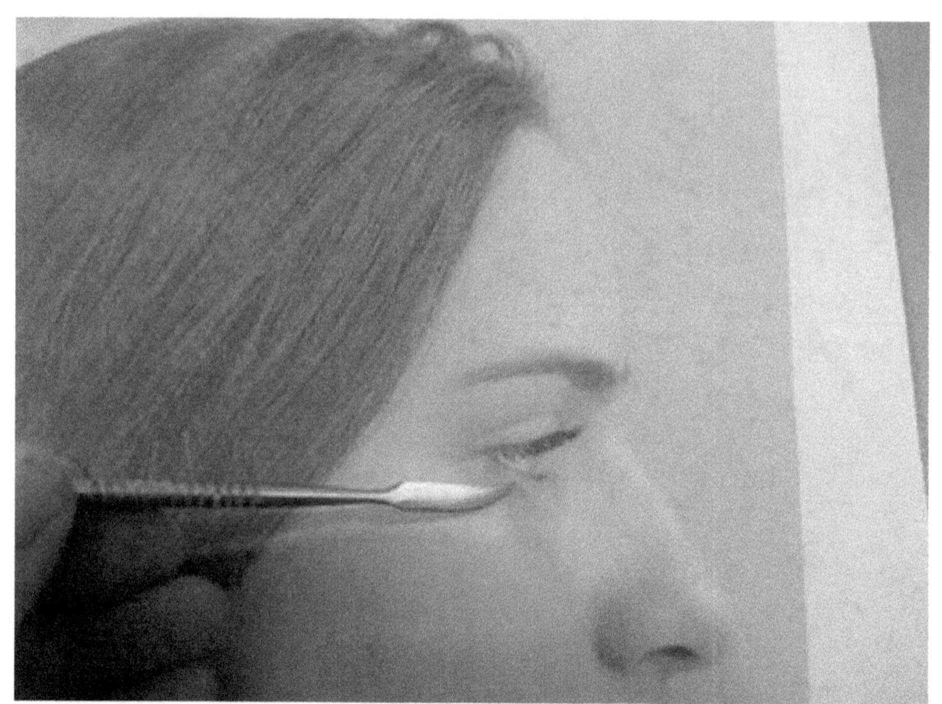

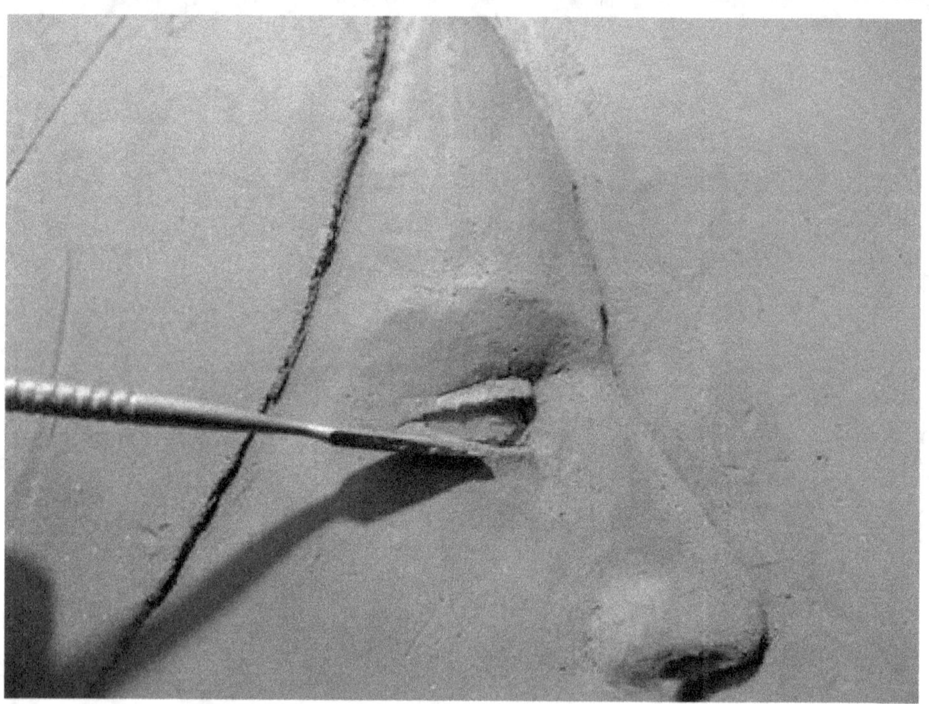

Comparez votre résultat avec la photo et vérifiez la courbure correcte des cils.

Après avoir modélisé grossièrement les éléments du visage, vous pouvez compléter la chevelure.

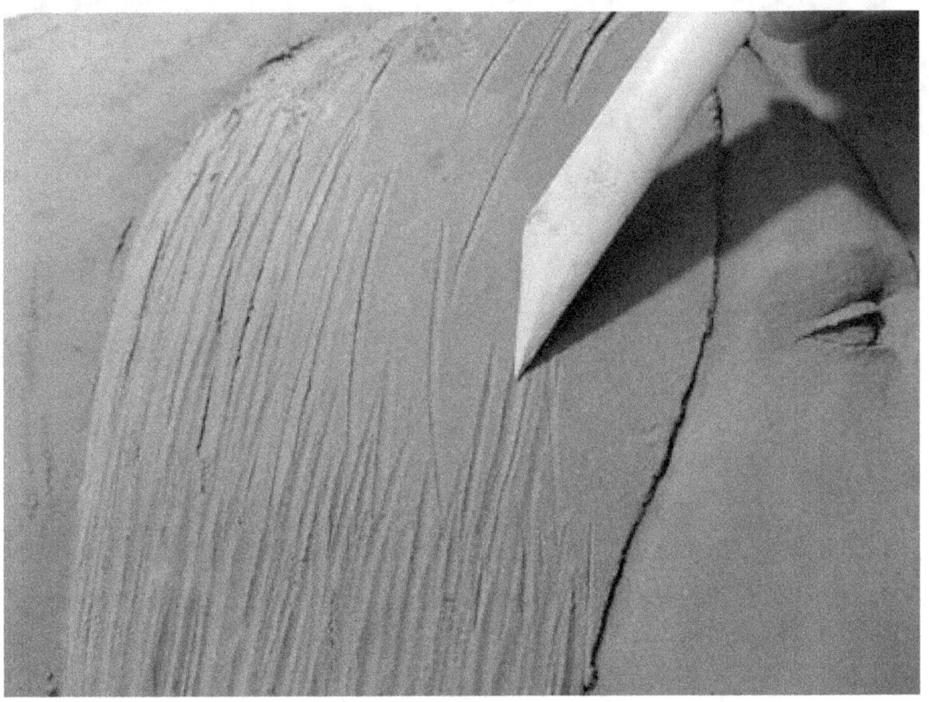

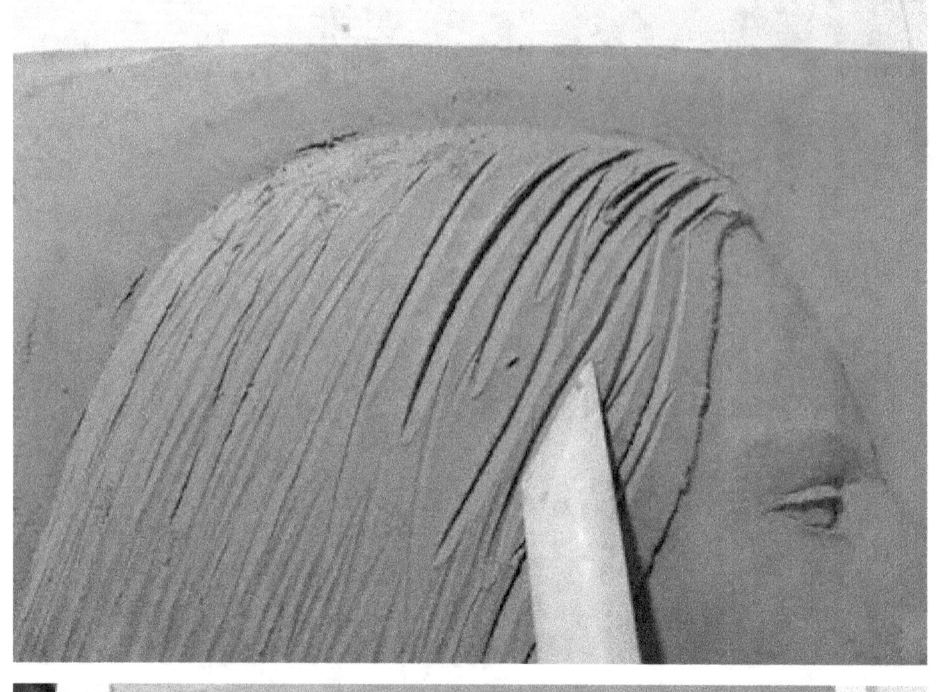

Avec une spatule pointue, tracez des sillons plus ou moins profonds pour simuler le mouvement et l'effet de la chevelure.

À ce stade, le travail est presque terminé, il reste à vérifier méticuleusement tous les détails du portrait. Cependant, avant de vous y consacrer, je vous conseille vivement de faire une pause d'au moins deux jours, afin que vos yeux et votre esprit se reposent.

Il est bien connu qu'en se concentrant longtemps sur une création, notre esprit ne peut plus distinguer les erreurs. Par conséquent, maintenant que nous devons vérifier les différences minimes et imperceptibles entre notre modèle et la figure de référence de la photo, il est bon de reporter cet examen afin de l'effectuer avec un esprit frais. Couvrez votre travail avec un tissu en nylon et attendez au moins deux jours.

Après les jours de repos, utilisez le compas pour vérifier et comparer les dimensions de tous les éléments du portrait. Il est très probable que, comme cela m'est arrivé, vous vous aperceviez que certains détails doivent être corrigés.

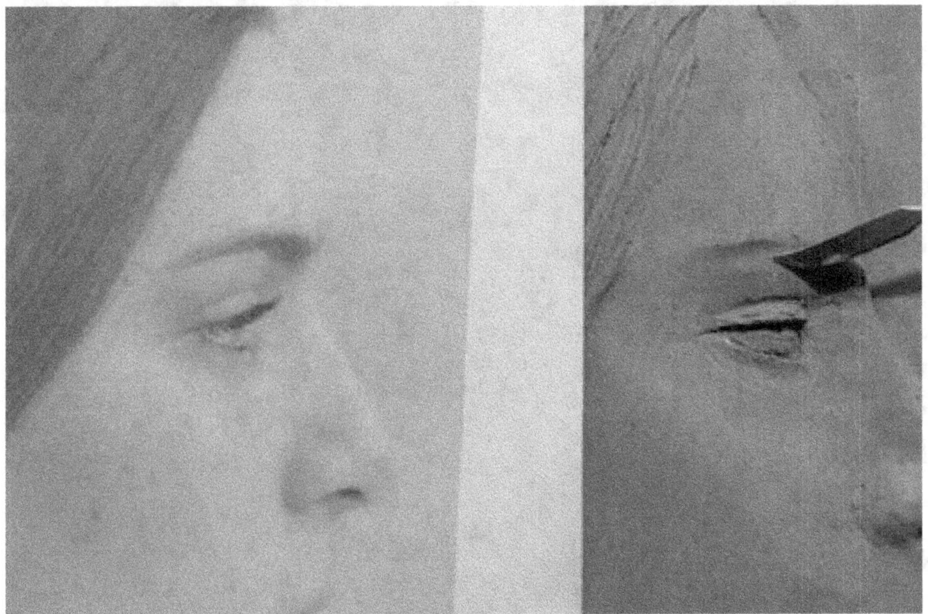

Pour faciliter le travail de comparaison, rapprochez la photo du portrait et superposez-la à votre modélisation.

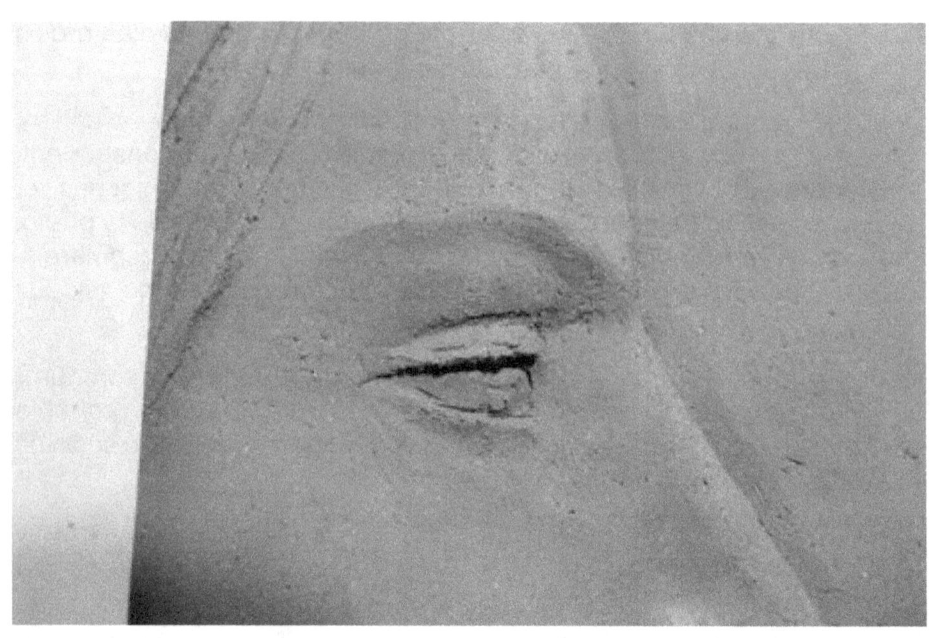

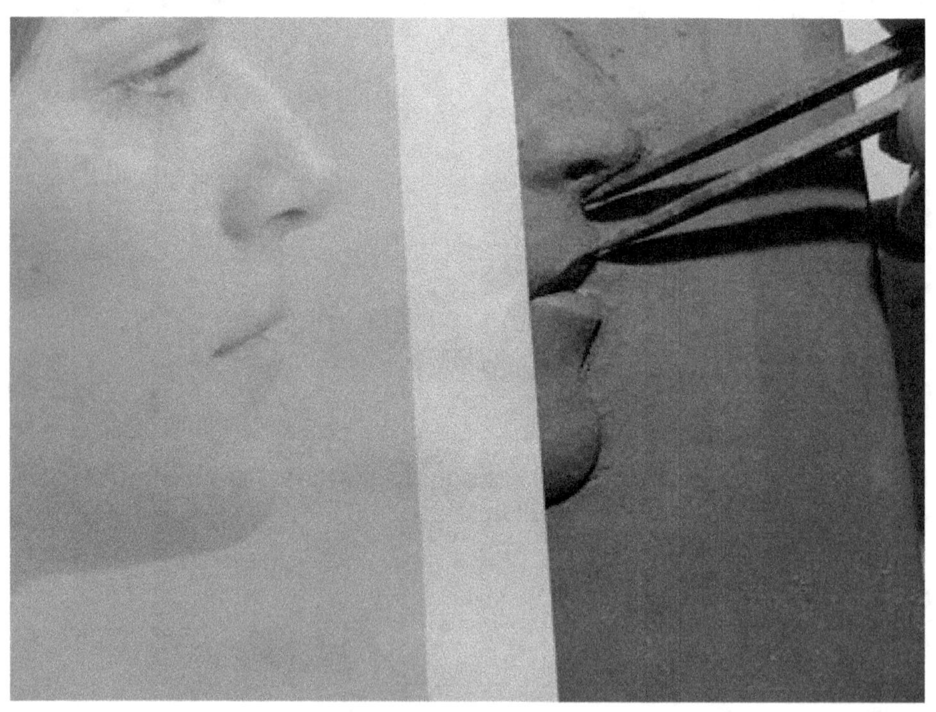

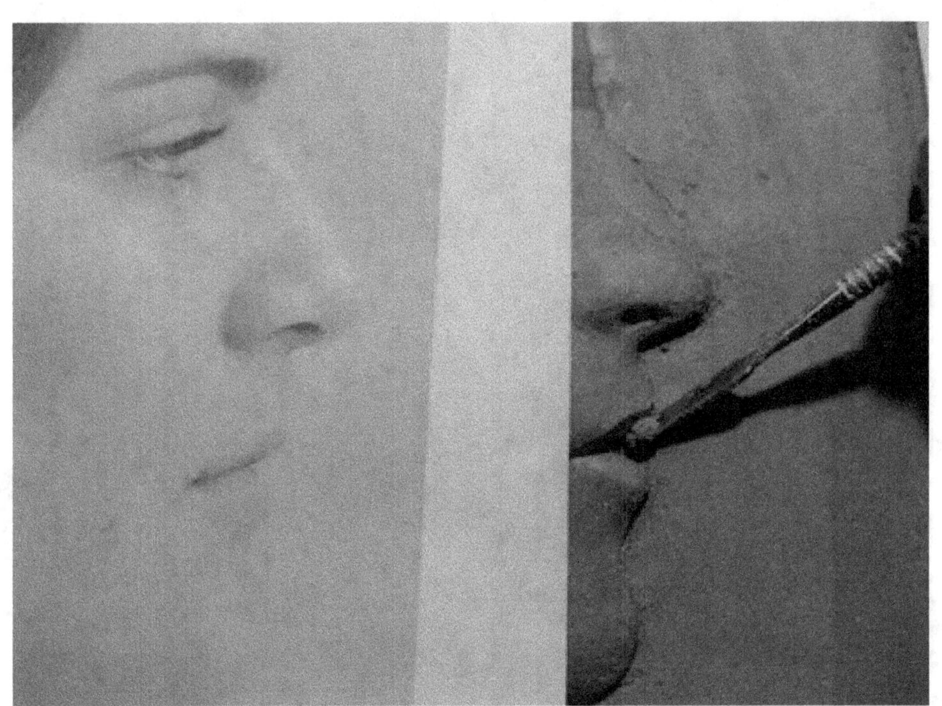

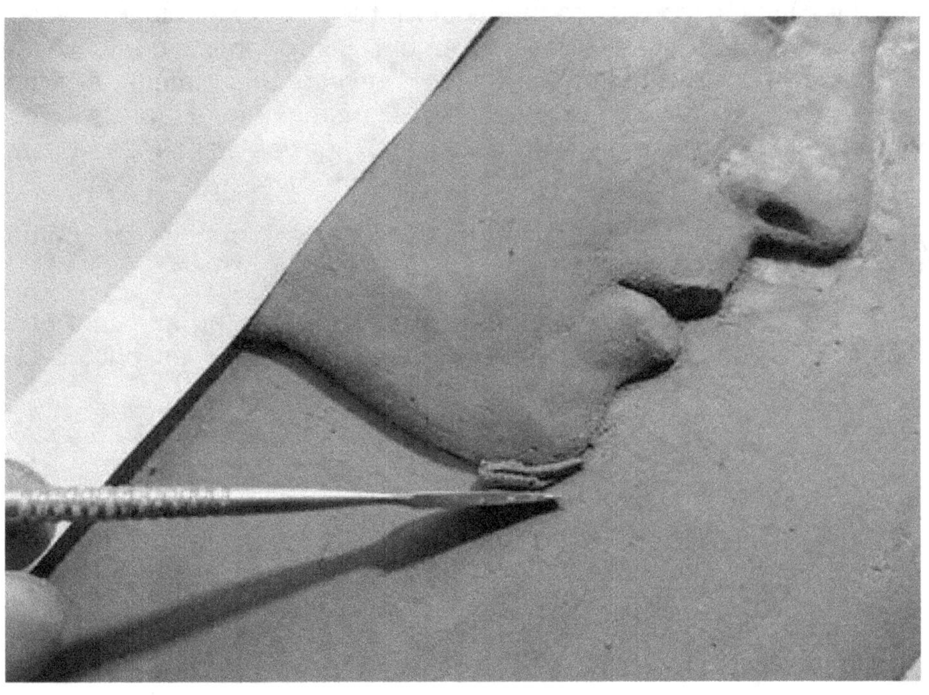

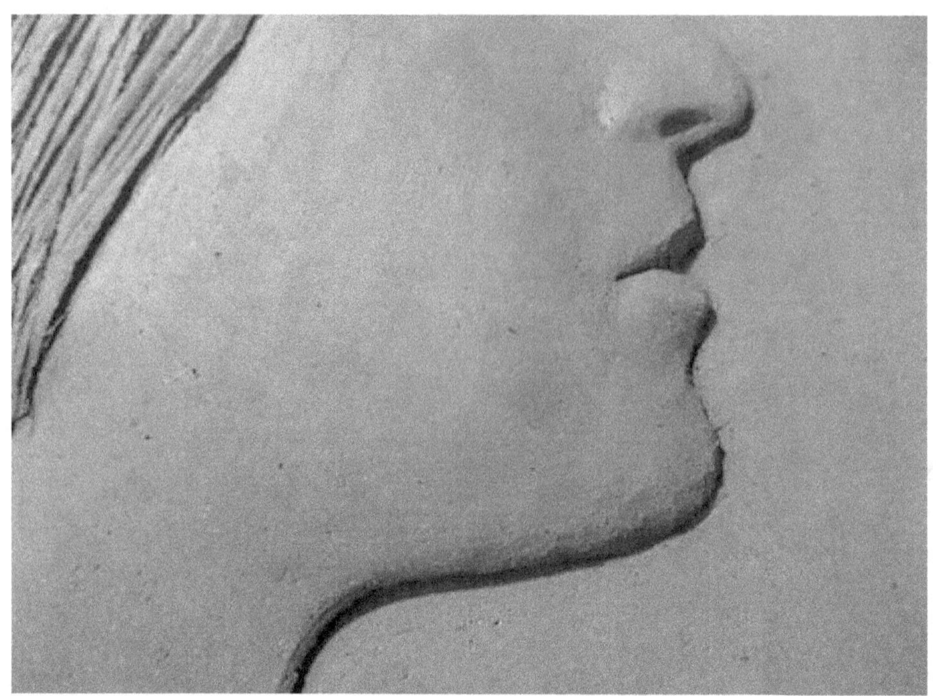

Après un contrôle approfondi, je me suis rendu compte qu'il y avait quelques imprécisions dans ma modélisation. Par exemple au niveau du sourcil, qui devait être légèrement plus gonflé, de la lèvre supérieure, qui devait être plus longue d'environ un millimètre, et enfin du menton, qui devait être allongé. En même temps, j'ai lissé les surfaces et donné une meilleure forme aux muscles du cou, des joues, etc.

La dernière opération facultative consiste à arrondir les bords tranchants de la surface de l'argile.

Prenez la baguette de bois et approchez les bords en exerçant une légère pression et en la faisant tourner comme sur les photos ci-dessous ; puis répétez ce travail sur les quatre côtés.

La photo montre comment les bords ont été arrondis.

Apposez votre signature.

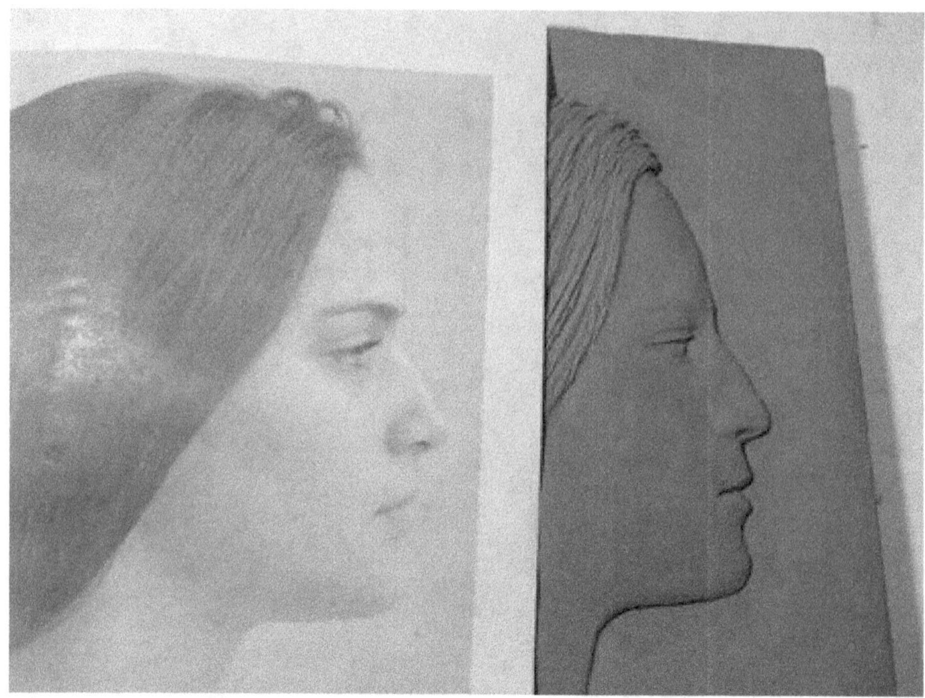

Le portrait est enfin terminé. Pour être scrupuleux, regardez la photo de plus près et vérifiez la similitude de votre travail d'argile.

Sur les deux photos ci-dessous, vous pouvez voir le portrait cuit dans un four à 970°C. Comme vous pouvez le constater, la couleur de l'argile est passée du gris au blanc. Je voudrais également souligner que la position de la source lumineuse est déterminante pour une vision de l'œuvre qui met en valeur les formes anatomiques.

Dans le premier des exemples ci-dessous, la source lumineuse est placée derrière la tête et frôle presque la figure, tandis que dans le second, la source lumineuse est placée au-dessus de la tête et la frôle toujours.

SAVi 18

# CUISSON AU FOUR

Quelques conseils de cuisson.

Que vous utilisiez un four à gaz ou un four électrique, je vous recommande de cuire très lentement.

Attendez que votre œuvre soit sèche avant de l'enfourner. N'oubliez pas que l'argile est très épaisse et qu'il faudra donc beaucoup de temps pour que même la partie la plus interne soit complètement sèche. Il est évident que cela prendra plus de temps dans un climat froid et humide et moins de temps dans un climat chaud et sec. Dans tous les cas, je recommande d'attendre au moins un mois dans un climat chaud et sec.

En matière de cuisson, l'étape la plus critique et qui demande le plus d'attention est le passage de la température ambiante à 500°C. En effet, malgré le fait que votre portrait soit bien séché, la masse d'argile que vous avez introduite dans le four contiendra de l'humidité jusqu'à une température d'environ 450° C.

Jusqu'à une température de 450° - 500° C, l'humidité doit donc pouvoir s'évaporer et s'échapper très lentement des couches les plus profondes, sous peine de créer un effet de "cocotte-minute" et de voir des parties de l'argile se fendre ou même exploser. Vous risqueriez alors de retrouver votre création en mille morceaux à la fin du processus de cuisson.

Les fours électriques sont très pratiques car ils disposent d'un ordinateur qui permet de programmer toutes les étapes de la cuisson instant par instant.

Personnellement, j'utilise un petit four électrique avec une chambre intérieure de 40 X 40 X 55 cm. Il est équipé d'un ordinateur qui divise le temps de cuisson en 18 parties (appelées "splits"). À chaque partie ou fractionnement, vous pouvez attribuer une température que le four doit atteindre et le temps qu'il doit mettre pour y parvenir.

Prenons un exemple : pour mon portrait, j'ai programmé le four de manière à ce que la première tranche atteigne une température de 50° C en 4 heures ; la deuxième tranche atteint une température de 75° C en 4 heures, la troisième une température de 100° C en 3 heures, etc. Au fur et à mesure que la température augmente, le temps alloué à chaque fractionnement diminue. Au fur et à mesure que la température augmente, le temps alloué à chaque fractionnement diminue. Il ne faut pas moins de 48 à 50 heures pour que le total des 18 fractionnements atteigne 970°C.

Si vous suivez ces instructions et si vous avez utilisé une bonne argile réfractaire, je vous assure que votre création sortira saine et sauve du four.

Pour mon portrait, j'ai utilisé une argile réfractaire blanche avec un pourcentage de chamotte de 40% et des grains atteignant une taille maximale de 1,5 mm.

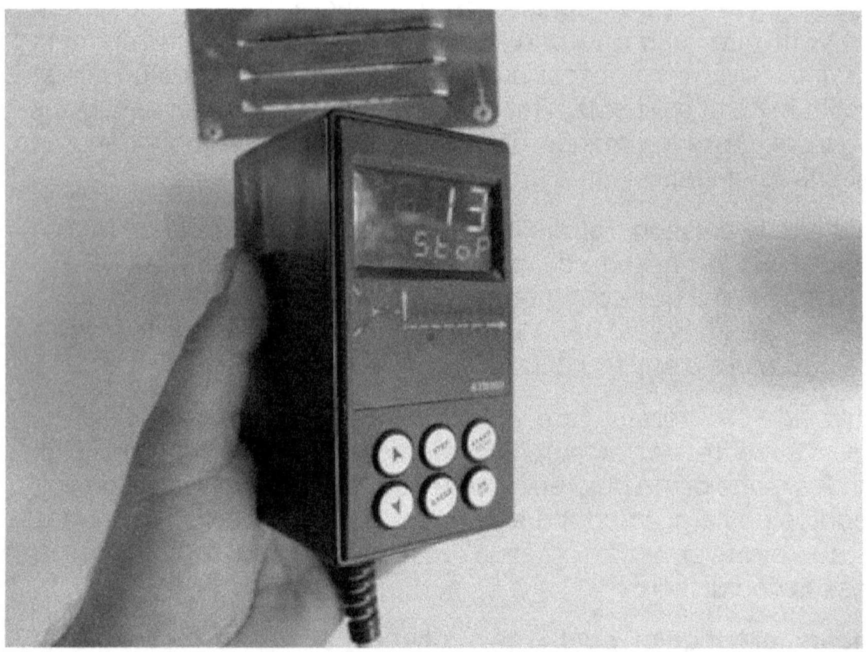

La photo ci-dessus montre l'ordinateur programmable du four, qui contrôle la température et le temps de cuisson.

Cette photo montre la disposition des trois reliefs gravés. En ce qui concerne la disposition des pièces à l'intérieur du four, il est important de veiller à ce que la chaleur soit uniformément répartie et enveloppe les objets.

Deux reliefs sont appuyés sur les côtés et on peut voir leur dos et le blanc du papier que nous avions placé pour empêcher l'argile de coller à la planche. La troisième œuvre est adossée à ces derniers.

La photo ci-dessous montre l'œuvre déjà cuite à 970°C.

Sur cette photo, à la base du four, on peut voir les cendres du papier collé au dos des reliefs.

Avec cette dernière opération, le travail est terminé.

Je vous souhaite à tous un travail fructueux.

Vous trouverez ci-dessous les couvertures de mes autres manuels de sculpture disponibles sur Amazon.

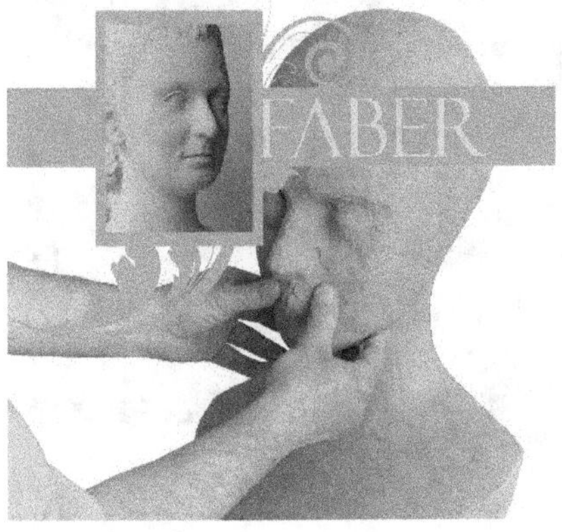

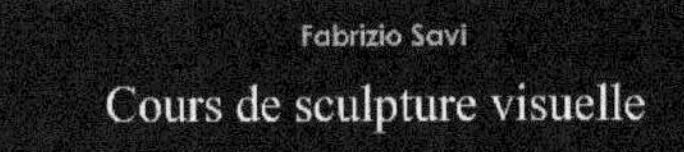

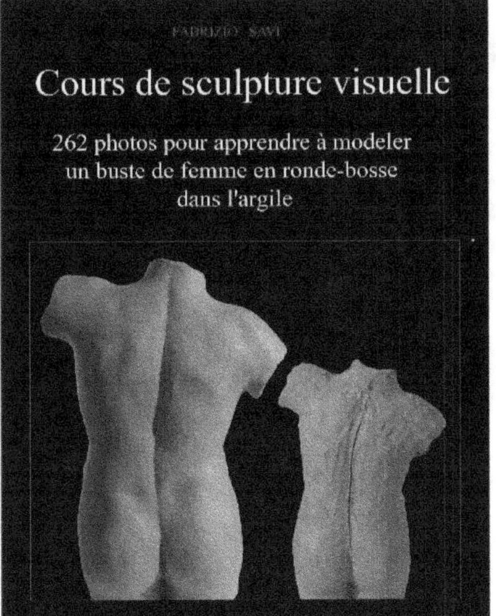

FABRIZIO SAVI
Manuel visuel pratique pour l'utilisation
de la résine polyester
Expériences artistiques incorporant une variété
de couleurs et de matériaux

FABRIZIO SAVI
Cours visuel pour sculpteur-modeleur
235 photos commentées pour apprendre à utiliser la pâte
à modeler, le caoutchouc silicone et le plâtre à modeler